소크라테스 아저씨네 축구단

교과연계	
3-2 국어	3. 함께 사는 세상
4-1 국어	3. 이 생각 저 생각
도덕	1. 바른 마음 곧은 마음
5-1 국어	6. 깊이 있는 생각
도덕	1. 갈등을 대화로 풀어 가는 삶
6-1 국어	1. 상상의 세계
도덕	8. 공정한 생활

소크라테스 아저씨네 축구단

김하은 글 | 유준재 그림 | 조광제 도움글

주니어김영사

작가의 말

소크라테스 감독님이랑
　　　같이 축구 할까요?

　세상에는 1등이 전부라고 여기는 사람들이 많아요. 1등만 할 수 있다면 과정이야 어떻든 상관없다고 생각하기 때문에 주변 사람들을 무시하고 상처를 주는 경우도 생기지요. 이처럼 함께 살아가는 일에 서툰 사람들이 점점 늘어나고 있습니다.

　그러나 사람은 원래 함께 사는 데 더 익숙한 존재예요. 아주 오랜 옛날부터 그랬지요. 그렇게 함께 살면서 다른 사람을 사랑하는 마음이 곧 자기 자신을 사랑하는 것임을 깨달았고, 또 진리가 무엇일까 고민하기 시작했어요. 그리고 사람들은 자신이 깨달은 것을 자신만의 방법으로 표현했어요. 철학, 문학, 종교, 예술 등으로요. 이렇게 '깨달음'을 정리한 학문이 바로 인문학이에요.

　《처음 인문학동화》 시리즈는 공자, 마더 테레사, 소크라테스, 피카소, 톨스토이처럼 우리에게 잘 알려진 인물들이 어린이들 옆에 나타나 친구가 되는 이야기예요.

　이번 이야기에서는 철학자 소크라테스가 축구 감독으로 등장해요. 소크라테스는 서양 철학의 기초를 닦은 유명한 철학자예요. 소크라테스는 '진리'가 무엇인지 끊임없이 '되물어야 한다'고 말했지요. 직접 책을 남기지는 않았지만 소크라테스의 교훈은 플라톤이라는 제자의 글을 통해 전해져요.

소크라테스는 늘 묻고 또 물었어요. 처음에 사람들은 소크라테스가 묻는 말에 자신 있게 대답했어요. 하지만 소크라테스가 여러 번 묻고 또 물으면 '내가 아는 게 정말 아는 걸까' 하는 의심을 품게 됐지요. 한 사람, 두 사람, 이런 사람들이 늘어났고 사람들은 소크라테스를 점점 불편하게 생각했어요. 그럼에도 소크라테스는 죽는 순간까지 질문을 멈추지 않았어요.

이 책의 주인공 동연이는 1등 축구 선수가 되고 싶어 해요. 그러나 아직은 실력을 쌓기보다 새 축구화와 축구공을 사는 게 더 좋은 철부지이지요. 그런 동연이 앞에 어느 날 소크라테스 아저씨가 축구 감독이 되어 나타나요. 소크라테스 감독을 만난 뒤 동연이의 축구는 어떻게 달라졌을까요?

저는 동연이를 끝까지 응원할 거예요. 여러분도 함께 응원해 주세요. 그리고 동연이랑 같이 뛰어 주세요. 동연이는 여러분에게도 기꺼이 공을 건네줄 거예요.

2012년 7월 김하은

차례

소크라테스 감독을 만나다
• 우리가 안다고 생각하는 게 정말 아는 걸까 • 8

비싼 축구화 세 켤레
• 모든 것은 적당히, 넘치지 않게 취하라 • 19

패스는 진짜 싫어!
• 참다운 진리는 정의로운 행동에서 비롯된다 • 45

비겁한 1등이라도 좋아
• 덕 있는 행동이 행복을 부른다 • 67

[ 후보 선수라니, 말도 안 돼
• 옳다고 생각하는 일이라면 꿋꿋이 하라 • 89]

[ 눈을 똑바로 떠
• 참다운 삶이란 정정당당하고 용기 있는 삶 • 111]

[ 내 패스를 받아!
• 참다운 지혜는 스스로 결정한 삶에서 온다 • 133]

서양 사상의 아버지, 소크라테스는 어떤 인물일까? 146
독후활동지 162

[소크라테스 감독을 만나다]
• 우리가 안다고 생각하는 게 정말 아는 걸까 •

　동연이는 침을 꼴깍꼴깍 삼키며 텔레비전 화면을 지켜보았다. 그저께 열린 국가 대표 경기였다. 동연이는 축구 국가 대표 경기는 빠짐없이 녹화했다. 그중에서도 그저께 경기는 최고였다. 벌써 세 번째 돌려 보았지만, 봐도 봐도 질리지 않았다.

　동연이가 응원하는 선수는 후반전이 다 끝나고 추가 시간에 공을 왼발로 감아 찼다. 공은 골대로 빨려 들어갔다. 그 슛 한 방에 팽팽하던 균형이 깨졌다. 그물이 출렁이고 사람들은 그물보다 더 출렁거렸다. 슛을 날린 선수는 경기장에 털썩 주저앉아 사자처럼 울부짖었다. 그리고 경기가 끝났다.

"역시 저 축구화가 행운을 불러왔어. 당장 사야겠어."

동연이는 리모컨으로 일시 정지를 누르고 축구화를 자세히 살폈다. 파란색 바탕에 흰 줄이 선명했다. 동연이는 신발의 색깔과 모양, 끈의 매듭까지 뚫어지게 쳐다보았다.

그러고는 당장 '골든골 스포츠'로 달려갔다. 골든골 스포츠는 주로 축구 용품을 파는 가게다. 집에서 학교를 지나 공원을 끼고 돌면 나온다.

가게 주인 양씨 아저씨는 언제나처럼 동연이를 반갑게 맞았다. 동연이가 축구화 색깔과 경기 이야기를 하자 양씨 아저씨는 대번에 그 축구화를 가져왔다. 파란색 축구화는 가격이 꽤 비쌌다. 하지만 색깔도 멋있고, 신으면 운동장에서 펄펄 날아다닐 것 같았다.

동연이는 당장 엄마한테 전화를 걸었다.

"무슨 축구화를 또 사?"

"축구 선수가 되려는 아들한테 그 정도 투자는 해야지. 내가 프로 선수가 되면 엄마한테 제일 먼저 한턱 쏜다니까. 나 내일부터 방과 후에 축구 수업 듣잖아. 그때 신고 갈 거야. 사 줘, 응, 꼭 사 줘."

엄마는 한숨을 내쉬었다. 하지만 동연이는 쉽게 물러서지 않

았다. 엄마와 아빠한테 세계 일주를 시켜 주고, 근사한 집도 사 주겠다고 약속했다.

"알았다, 알았어. 모델명 불러 봐. 이따 사다 줄게."

"참, 그 축구화에 어울리는 양말도 부탁해."

"야, 이동연!"

"에이, 엄마, 사랑해."

동연이는 기분이 아주 좋았다. 파란색 축구화를 신고 운동장을 달리면 금방이라도 골을 넣을 수 있을 것 같았다.

동연이는 머릿속으로 자기가 좋아하는 프로 축구 선수를 떠올렸다. 그 선수는 골을 잘 넣을 뿐 아니라 다른 선수가 골을 넣을 수 있게 도움을 주는 어시스트도 많이 한다. 그뿐 아니다. 연예인 못지않은 인기를 누리며 광고도 많이 찍었다. 동연이는 그 선수가 광고하는 음료수만 사 먹었고, 그 선수가 광고하는 운동화를 샀고, 아빠한테는 그 선수가 광고하는 화장품을 사라고 부추겼다.

동연이는 꼭 그 선수처럼 되고 싶었다.

동연이는 헐레벌떡 뛰었다. 새 축구화 색깔을 돋보이게 할 운동복을 고르느라 방과후 수업에 5분이나 늦었다. 운동장에는 이미 아이들이 모여 있었다. 몇 명이 수업을 듣는지 동연이는 하나 둘, 세어 보았다. 동연이까지 합쳐서 열두 명이었다.

동연이가 숨을 가쁘게 몰아쉬고 있을 때였다. 정글짐 옆에 서 있던 푸른색 운동복을 입은 아저씨가 축구공을 발로 차며 천천히 걸어왔다. 정수리 부분에는 머리가 없었고, 구불구불한 옆머리와 뒷머리는 어깨에 닿아 찰랑거렸다. 턱에도 구불구불한 수염이 길게 달렸다. 한 뼘은 될 것 같았다.

아저씨는 고개를 빳빳이 들고 하늘을 쳐다보며 툭툭 공을 찼다. 발 가까이에 있는 축구공은 한 번도 내려다보지 않았다. 아저씨가 가까이 다가오자 동연이 입에서 피식 웃음이 새어 나왔다. 뭉툭한 주먹코에 눈은 불룩 튀어나와 한눈에 봐도 못생긴 얼굴이었다.

"안녕, 나는 소크라테스라고 해."

아저씨 말투는 느릿느릿했다. 동연이는 픽픽 새어 나오는 웃음을 억지로 참았다. 다른 아이들도 피식피식 웃었다.

"함께 수업을 하게 돼서 기쁘구나."

그때 최재혁이 손을 번쩍 들었다.

"이름이 특이한데 별명이에요, 아니면 진짜 이름이에요?"

그러자 소크라테스 아저씨가 대답했다.

"진짜 내 이름이야. 나는 그리스에서 태어났고 지금은 너희 축구 선생님이란다."

"헐."

동연이 옆에 바투 선 준영이가 크게 말하자, 웃음을 참고 있던 아이들이 모두 깔깔 웃었다.

"다들 모였으니 첫 수업을 시작할까? 먼저 서로 이름을 알아야겠지?"

소크라테스 감독은 운동복 바지에서 작은 수첩을 꺼내 아이들 이름을 하나하나 불렀다. 동연이는 대답하는 아이들을 한 명씩 살펴보았다. 청바지를 입은 아이, 밑창이 얇은 운동화를 신은 아이, 점퍼를 껴입고 있는 아이들이 한 명씩 대답했다. 동연이는 함께 모인 아이들이 가소로웠다. 아무리 봐도 자기처럼 운동복과 축구화를 멋지게 차려 입은 아이는 없었다. 심지어 축구단 감독조차 마음에 안 들었다. 감독은 낡은 운동복을 입고 운동화를 신었다. 축구화도 안 신은 감독이라니, 동연이는 코웃음을 쳤다.

동연이는 감독이 자기 이름을 부르자 잔뜩 뻐기며 대답했다. 마음속으로는 자기가 얼마나 멋진 축구화를 신었는지 봐 주길 바라면서.

그러나 감독은 슬쩍 동연이 얼굴을 보는 데 그쳤다. 그래도 동연이는 신경 쓰지 않았다. 어차피 시간이 지나면 자기가 얼마나 잘하는지 감독이 저절로 알게 될 거라고 생각했다.

이름을 다 부른 다음, 소크라테스 감독이 물었다.

"첫 수업 시간이니 너희에게 물어볼 말이 있다. 축구가 무엇일까?"

동연이는 자기 귀를 의심했다. 뜬금없이 축구

가 무엇이냐고 묻다니. 축구에 관심 없는 사람들이나 물어볼 만한 질문을 축구 감독이 하다니, 어이가 없었다.

  그런데 이런 어이없는 질문에 최재혁이 대답을 했다.

  "축구는 축구공을 발로 차는 운동입니다."

  그러자 감독이 또 물었다.

  "그렇지. 하지만 모든 축구 선수가 공을 발로 찰까?"

  이번에는 허준서가 대답했다.

  "골키퍼는 손으로 던지기도 합니다."

  감독이 다시 물었다.

  "정말 그게 다일까?"

  아이들이 당황해하며 수군거렸다.

  "나는 궁금해. 축구를 운동이라고만 이야기하는 게 맞을까? 우리가 안다고 생각하는 게 진짜 아는 걸까? 너희는 어떻게 생각하니?"

동연이는 짜증이 났다. 멋지게 운동장을 달리고 슛을 날리고 꿈을 향해 한 걸음 다가갈 수 있는 좋은 기회인 줄 알고 수업을 들으러 왔는데 축구가 무엇이냐고 묻기만 하다니, 과연 이런 감독을 믿을 수 있을까 걱정스럽기까지 했다. 게다가 우리가 아는 게 진짜 아는 거냐고? 그건 또 무슨 말인가.

"이 질문은 두고두고 생각해 보고 대답해 주면 좋겠다. 자, 이제 운동장을 뛰어 볼까?"

소크라테스 감독은 고개를 빳빳이 들고 축구공을 통통 차며 운동장을 가볍게 뛰었다. 아이들도 모두 뒤따랐다. 동연이도 투덜대며 그 뒤를 따랐다.

[비싼 축구화 세 켤레]
• 모든 것은 적당히, 넘치지 않게 취하라 •

두 번째 축구 수업 때 동연이는 빨간 운동복을 입었다. 그 운동복은 동연이가 좋아하는 선수가 프리킥을 멋지게 성공했을 때 입었던 옷이다. 국가 대표 팀이 하는 경기는 항상 박진감이 넘쳤지만, 그 프리킥은 특히 가슴이 터질 정도로 멋졌다. 오늘은 멋진 프리킥 연습을 하고 싶었다.

운동장에는 아이들이 미리 와 있었다.

"이제 와?"

준서가 말을 걸었다. 학교 체육복을 입고 낡은 운동화를 신은 준서는 민서와 형제다. 준서는 형 민서가 입다 작아진 옷이나 신

발을 물려받는다. 그래서인지 민서가 신은 운동화는 괜찮았지만, 준서 운동화는 겉이 나달나달하고 색도 심하게 바래서 원래 무슨 색이었는지 알 수도 없었다.

"운동화가 그것밖에 없냐? 그걸로 제대로 된 골이나 차겠어?"

동연이는 이죽거리며 혀를 낼름 내밀었다.

"흥, 골이랑 운동화는 아무 상관없거든!"

"상관있어!"

동연이는 감독을 찾았다. 분명 축구 감독이라면 동연이가 어

제와 다른 옷을 입고 다른 축구화를 신은 걸 눈치챌 것 같았다. 하지만 소크라테스 감독은 동연이한테 아무런 말도 하지 않았다. 동연이는 자존심이 상했다.

"축구가 뭘까 생각해 봤니?"

소크라테스 감독이 질문을 하자 최재혁이 재빨리 되물었다.

"저기, 감독님! 감독님이 생각하는 축구는 뭐예요?"

아이들이 모두 소크라테스 감독을 빤히 쳐다보았다.

"글쎄다. 그걸 내가 알면 물어보겠니? 나는 정말 모르겠다니까. 너희가 알려 주면 좋으련만……."

아이들이 숙덕댔다. 어떤 아이는 함께 경기를 풀어 나가는 것이라고 했고, 또 어떤 아이는 운동장을 뛰어다니는 것이라고 했다. 아영이가 여자 축구는 멋지다고 대답하자 수빈이가 고개를 끄덕였다.

"근데 진짜 잘 모르겠어요. 축구가 뭔지 알려 주세요."

규진이가 고개를 갸우뚱하자 소크라테스 감독은 껄껄 웃었다.

"난 잘 모른다니까. 하지만 끝까지 알아내려고 노력하고 있어. 언젠가는 알게 되겠지."

동연이는 소크라테스 감독 앞에 놓인 공을 휙 가로챘다. 더는 이상한 질문을 들으며 시간을 낭비하고 싶지 않았다. 유명한 프

로 축구 선수가 되려면 축구가 뭐냐, 네가 아는 게 진짜냐 하는 질문 따위에 고민하지 말고 골을 하나라도 더 넣어야 한다.

"야, 이동연, 너 뭐야? 감독님이 말씀하시는데 이러기야?"

최재혁이 소리쳤다. 하지만 동연이는 신경 쓰지 않았다.

동연이는 공을 운동장 가장자리로 몰았다. 어젯밤에는 프리킥을 멋지게 차는 모습을 상상하느라 잠까지 설쳤다. 오늘은 머릿속에서 생각만 하던 골을 직접 넣고 싶었다.

드디어 목표 지점에 다다랐다. 동연이는 기운차게 공을 뻥 찼다. 그런데 매끄럽고 가볍게 날아가야 할 공이 무겁고 둔하게 날았다. 그러고는 팅 소리가 났다. 공은 골대 근처에도 가지 못하고 재혁이 가슴에 꽂혔다.

"젠장!"

재혁이는 가슴으로 받은 공을 준서한테 패스했다. 준서는 활짝 웃으며 다시 그 공을 민서에게 주었다. 동연이는 부리나케 공 쪽으로 달려갔다.

"야, 그 공 이리 줘."

민서는 동연이 말을 무시하듯 다시 준서한테 공을 찼다. 준서는 재혁이한테 주고, 재혁이는 준영이한테 주었다. 준영이는 병건이한테 주고 병건이는 소크라테스 감독에게 찼다. 공이 여기저기로 오가는 동안, 동연이는 공을 쫓아다니며 계속 소리 질렀다.

"공 이리 달라고! 오늘은 내가 프리킥을 넣을 거란 말이야!"

소크라테스 감독은 아무 말 없이 공을 툭 찼다. 공은 힘없이 굴러왔지만 정확하게 동연이 발 앞으로 왔다. 동연이는 공을 발바닥으로 멈추고 있는 힘껏 뻥 찼다.

골대 근처에 있던 규진이가 몸을 움츠리며 도망갔다. 공은 골대 안으로 들어가는 게 아니라 골대 밖에서 그물을 맞췄다.

동연이는 제자리에 털썩 주저앉았다. 안 그래도 공이 골대 안으로 들어가는 상상이 깨져 속상했는데 몸까지 말을 안 들었다. 특히 오른발을 움직일 수가 없었다. 누군가 발을 땅으로 끌어당기는 것 같았다. 뻣뻣하고 저렸다.

소크라테스 감독이 다가왔다.

"저런, 쥐가 났구나."

감독은 서슴없이 동연이 축구화를 벗겨 아무렇게나 던졌다. 아이들이 동연이 옆으로 다가왔다. 감독은 동연이 다리를 주무르면서 물었다.

"동연이 다리에 쥐가 났어. 왜 그럴까?"

또 그 이상한 질문이다. 동연이는 짜증이 났다. 그런데 아이들이 고개를 갸우뚱거렸다. 동연이 다리에 쥐가 난 것에는 아랑곳없이 감독이 묻는 말에 어울리는 답을 찾고 있는 것만 같았다. 동연이는 그런 아이들이 미웠다.

"어, 갑자기 뛰어서 그럴까요? 저도 밥 먹고 갑자기 뛰면 배하고 다리가 아프거든요."

수빈이가 작은 목소리로 말했다.

"그렇구나. 나는 잘 몰랐는데. 그럴 때 수빈이는 어떻게 해?"

"저는 천천히 걸어요. 그럼 좀 나아지더라고요."

"아하, 그럼 운동장을 천천히 걷다가 뛰면 좀 나아질까?"

"네, 그게 좋겠어요. 그럼 다른 친구들 다리에도 쥐가 나질 않을 거예요."

"알려 줘서 고맙다, 수빈아."

동연이는 인상을 찌푸렸다. 이런 사람은 처음 봤다. 어른들은 대부분 답을 알려 준다. 훌륭한 사람이 되려면 좋은 학교에 가야 하니까 열심히 공부해야 한다고 알려 주고, 갖고 싶은 물건을 사려면 돈을 많이 벌어야 한다고 알려 준다. 아마 다른 감독 같으면 이렇게 끝없이 물어보지는 않을 것이다.

동연이는 감독이 내팽개친 축구화 한 쪽을 바라보았다.

'저 축구화가 얼마짜린데, 그걸 아무렇게나 던지다니, 저 감독님 진짜……'

속이 부글부글 끓어올랐다.

드러누워 있는 동연이 눈에 다른 아이들이 신은 신발이 들어왔다. 회색, 파란색, 검정색, 분홍색 신발들 사이로 축구화 하나가 보였다. 동연이가 신고 있는 것과 비슷했지만 훨씬 낡았다. 고개를 든 동연이는 인상을 찌푸렸다. 그 축구화 주인은 최재혁이었다. 하필 최재혁이라니, 동연이는 엄마를 졸라 어렵게 산 거였지만 그 축구화를 다시는 신고 싶지 않았다.

수업 시간 내내 동연이는 우왕좌왕하며 제대로 공을 차지 못했다. 공을 잡으려고 하면 준서가 휙 낚아챘다.

"구질구질한 운동화나 신은 게……."

동연이는 조그맣게 이야기했는데, 바로 옆에서 뛰던 감독이 멈춰 섰다.

"운동화를 신으면 안 되니? 나도 신었는데."

"축구를 할 때는 축구화를 신어야 한다고요. 프로 선수들 중에 운동화를 신고 뛰는 사람은 없어요."

동연이가 투덜댔다.

"그래?"

"그렇죠. 축구화를 신어야 킥이 제대로 나오고, 미끄러지지도 않는다고요."

"아하, 그렇구나. 흙바닥인 운동장에서도 말이지?"

"그건……."

동연이는 자신 있게 대답하지 못했다. 프로 선수들이 뛰는 곳은 잔디 구장이었다. 잘 관리된 잔디 위에서 축구화를 신고 뛰는 선수들 모습이 눈앞에 선했다.

"무슨 상관이에요, 하여튼 구질구질한 운동화를 신고 남의 공을 가로채는 건 나빠요."

그러자 감독이 말했다.

"그럼 동연이가 생각하는 축구는 좋은 축구화를 신고 자기 공으로 경기하는 거겠네."

동연이는 볼을 씰룩대며 대답했다.

"당연하죠."

감독은 말없이 미소만 지어 보인 뒤 다른 아이들에게 뛰어갔다.

"축구가 뭘까 생각하는 건 시간 낭비야. 차라리 그 시간에 공을 몇 번 더 차는 게 낫지."

동연이는 소크라테스 감독을 노려보며 중얼거렸다. 그러자 감독이 뛰다 말고 멈춰 서서 동연이를 돌아보았다. 동연이는 뜨끔했다. 감독은 고개를 설레설레 흔들며 다시 아이들에게 뛰어갔다. 마치 동연이가 하는 말을 들은 것처럼 보였다.

"쳇, 진짜 이상한 사람이야. 어떻게 저런 사람이 감독이 됐지?"

동연이는 땅을 퍽 찼다. 그래도 마음이 풀리지 않았다. 퍽퍽, 두세 번 더 찼다. 흙먼지가 뿌옇게 일었고, 그 흙먼지처럼 동연이 마음도 뿌옇게 흐려졌다.

'폼' 나게 공을 차고 싶었던 동연이는 '폼'을 완전히 구겼다. '폼'

만 구겨진 게 아니라 마음까지 꾸깃꾸깃 구겨졌다. 이게 다 축구화 탓이라고 믿었다. 동연이는 용돈을 있는 대로 털었다. 그리고 저금통을 뜯었다. 컴퓨터를 새로 살 때 보태려고 모아 둔 돈이었다. 이렇게 기분이 안 좋을 때는 축구화를 사는 게 최고다. 재혁이하고 비슷한 축구화를 신을 수는 없다. 새 축구화를 신으면 오늘처럼 망신을 당하지 않을 테고, 운동장을 훨훨 날듯이 뛰어다닐 수 있을 것이다.

동연이는 그길로 '골든골 스포츠'로 달려갔다.

"아이고, 우리 축구 선수가 또 오셨네. 오늘은 뭐가 필요하신가?"

덩치가 큰 양씨 아저씨가 동연이를 반갑게 맞았다. 양씨 아저씨는 자기도 예전에 축구 선수였다며 동연이를 볼 때마다 자랑을 늘어놓았다. 양씨 아저씨는 축구가 얼마나 멋진 운동인지 침을 튀기며 설명하곤 했다. 하지만 동연이는 양씨 아저씨가 진짜 축구 선수였는지 의심스러웠다. 덩치가 큰 데다 몸도 둔해 보여서 제대로 뛸 수 있을 것 같지 않았기 때문이다. 입만 열면 어떤 선수가 자기랑 친하다고 자랑하는데, 진짜 그 선수가 찾아오는 일은 없어 보였다.

"저번에 제가 봤던 축구화 다시 보여 주세요."

양씨 아저씨가 눈을 휘둥그레 떴다.

"그새 닳았어? 저번에 두 켤레 사지 않았나? 진짜 열심히 뛰는구나. 그래, 축구는 할 만해?"

동연이는 몸을 휙 돌렸다. 남이야 두 켤레를 사건 세 켤레를 사건, 쓸데없이 간섭하는 건 딱 질색이었다. 동연이는 진열대에 놓인 축구화를 하나씩 내렸다. 디자인을 보고 겉을 손가락으로 문지르고, 끈을 당기고, 스파이크를 살폈다. 탐나는 축구화가 세 켤레나 있었다. 동연이는 일단 처음부터 사기로 마음먹었던 축구화를 먼저 골랐다. 그리고 또 다른 축구화 두 켤레도 들었다 놨다를 반복했다.

"오른쪽 신발은 브라질 골잡이가 신었던 제품이고, 왼쪽은 스페인 골잡이가 신었던 제품이야."

"우아, 진짜요?"

"진짜지, 그럼. 속고만 살았니? 근데 가격이 좀 비싸."

동연이는 세 켤레 다 품에 안았다. 축구화 세 켤레에 어울리는 양말도 골랐다. 거기에 축구공 두 개까지 더했다. 양씨 아저씨가 입을 함박 벌렸다.

"이걸 다 산다고? 꽤 비싸."

동연이는 군말 없이 주머니에 있던 돈을 다 꺼냈다. 꼬깃꼬깃

하게 구겨진 돈을 펴고 잘랑거리는 잔돈을 보탰다. 있는 돈을 다 보탰는데도 축구화와 축구공 값을 치르니 끝이었다. 동연이는 기껏 고른 양말을 살 수 없어 속상했다. 동연이가 양말을 계속 만지작거리자 양씨 아저씨가 헛기침을 했다.

"단골인데 이 양말 세 켤레는 그냥 주마."

"감사합니다."

동연이는 활짝 웃으며 짐을 챙겼다. 축구공 두 개, 축구화 세 켤레, 양말 세 켤레를 챙겨 밖으로 나가려는데 문이 열렸다.

"어서오세, 어? 안녕하세요!"

양씨 아저씨가 구십 도로 몸을 꺾어 인사했다. 아저씨는 딱 두 가지 경우에만 저렇게 인사한다. 대단히 물건을 많이 사는 단골, 이를테면 동연이가 엄마랑 같이 왔을 때 구십 도로 허리를 숙여 인사한다. 또 다른 경우는 양씨 아저씨가 아주 좋아하는 사람이 왔을 때이다.

동연이는 궁금해하며 몸을 돌렸다. 문 앞에 소크라테스 감독이 서 있었다.

"동연이구나, 웬 보따리냐?"

동연이는 으스대며 종이 가방들을 들었다.

"축구화랑 축구공을 샀어요. 브라질이랑 스페인 골잡이가 신었던 거라 신기만 하면 골이 저절로 터질 거예요. 축구공도 엄청 비싼 거고요. 이제 아무도 날 막을 수 없을 거예요."

소크라테스 감독은 동연이를 물끄러미 보며 낮게 말했다.

"그래? 정말 축구화랑 골이랑 관계가 있을까?"

동연이는 종이 가방들을 슬그머니 내렸다.

"지금 신는 건 싫증났다고요. 낡은 축구화나 운동화를 대충 신는 애들하고 나는 달라요."

감독은 입을 다물고 고개를 들었다. 군데군데 천이 얇아서 곧 찢어질 것처럼 낡은 감독의 운동복이 동연이 신경에 거슬렸다. 동연이는 고개를 휙 돌렸다.

"좋은 걸 갖고 싶은 마음은 나도 이해해. 운동화보단 축구화가 낫겠지. 자기 공을 갖고 마음껏 뛰는 것도 기분 좋을 거야. 하지만……."

감독은 더 이상 아무 말도 하지 않았다. 하지만 동연이는 가슴 한쪽이 찌릿하게 떨리는 걸 느꼈다. 그리고 마음속에서 속삭이는 소리가 들렸다.

'그렇다고 운동화 신은 아이들을 무시한 건 좀 너무했나?'

동연이는 고개를 흔들어 그 소리를 지웠다.

"내 맘이에요."

소크라테스 감독은 두 손을 어깨 높이로 들었다.

"내가 아는 축구는 자신의 한계를 인정하는 거란다. 그러려면 절제를 할 필요가 있어. 뭐든 넘치게 가지면 그 물건에 빠져서 자기 한계를 보기가 힘들거든."

동연이는 칫 하고 코웃음을 쳤다.

"한계? 절제? 그런 건 축구하고 거리가 멀어요. 알지도 못하면서."

감독은 껄껄 웃었다. 그러고는 좋은 생각이 떠올랐다는 듯 손뼉을 쳤다.

"좋아, 그럼 다음 시간에 네가 가진 축구화랑 축구공, 운동복을 모두 가져와. 어떤 걸 신고 입을지 그날 보고 결정하자."

"정말 다 가져가도 돼요?"

"그래, 다 가져와."

동연이는 기분이 좋았다. 수업 시간마다 자기한테 딴지를 거는 재혁이나 낡은 운동화 따위를 신고 공을 가로채는 준서, 이상한 질문을 하는 소크라테스 감독의 코를 납작하게 해 줄 좋은 기회였다.

"좋아요!"

그날 저녁, 동연이는 새로 산 축구화와 축구공을 방바닥에 늘어놓았다. 그러고는 다음 주 수업 시간에 신 나게 운동장을 뛰는 자신의 모습을 상상했다.

제대로 갖춰 입고 운동장을 뛰는 자기 모습을 보며 다른 아이들이 엄지손가락을 추켜세운다. 동연이는 운동장을 훨훨 날아다닌다. 같이 뛰던 재혁이가 뒤로 처지고 준서가 거는 발을 피하고 규진이한테 부딪히기 전에 미리 피하면서 뛴다. 운동장을 뛰는 게 아니라 날아다니는 것처럼 몸이 가볍다. 역시 새 축구화가 좋긴 좋다. 드디어 골대 앞, 동연이는 숨을 고르고 축구공에 발을 갖다 댄다. 거리가 짧고 골키퍼도 없다. 이런 기회는 두 번 다시 오지 않는다.

동연이는 축구공을 발로 찼다. 뻥, 공이 골대에 부딪히는 소리가 제법 크게 났다. 동연이는 두 눈을 비볐다. 조금 전까지 운동장을 뛰어다녔는데 공은 골대가 아니라 방문에 부딪혀 데굴데굴 굴렀다.

그리고 방문이 열렸다.

"이게 무슨 소리······, 맙소사, 동연아!"

엄마 목소리가 높아졌다. 동연이는 왜 그러냐는 듯 아무렇지 않게 엄마를 바라보았다.

"이게 다 뭐야?"

"뭐긴, 축구화랑 축구공 샀어. 기분이 꿀꿀해서."

"뭐라고?"

이번에는 아빠가 엄마 어깨 너머로 방을 들여다보았다. 아빠는 입을 딱 벌리더니 방 안으로 들어왔다.

"돈이 어디서 났어?"

"어디서 나긴, 다 내 돈이야."

"뭐, 네 돈? 어떤 돈?"

아빠가 손을 허리에 갖다 댔다. 표정이 심상치 않았다. 동연이 목소리가 조금씩 작아졌다.

"용돈 받은 거 모아서 샀어."

아빠는 새로 산 축구화와 축구공을 하나씩 들어 올렸다.

"산 지 얼마 안 된 축구화가 있는데 이걸 또 샀단 말이지."

"응. 축구화가 후져서 제대로 공을 찰 수가 없잖아. 이걸 신으면 더 잘될 거야."

아빠가 한숨을 쉬었다. 엄마가 아빠 뒤에서 팔짱을 끼고 있는 모습이 보였다.

"아무리 그래도 용돈으로 이걸 다 살 수는 없었을 텐데?"

"어, 그게……."

"용돈 남은 게 얼마였어?"

아빠가 그다음에 할 말은 뻔했다. 용돈기입장을 보자고 하고, 왜 이렇게 많이 샀냐고 따질 것이다. 동연이는 저금통 깬 건 들키고 싶지 않았다. 아빠 눈치를 살피며 저금통이 놓였던 책꽂이를 등으로 가렸다.

"어, 얼마긴, 충분했어. 그동안 아낀 게 얼만데. 아빠는 내가

축구 선수가 되는 게 그렇게 싫어?"

당당하게 말하고 싶었는데 목소리가 자꾸 떨렸다. 아빠가 동연이 어깨에 손을 짚었다.

"싫긴, 아빠도 네가 좋은 선수가 되었으면 하고 바라지. 다른 사람들하고 잘 어울리고 배려하는 좋은 선수. 돈을 물 쓰듯 쓰는 선수는 싫다. 하나를 보면 열을 아는 법이야."

동연이는 잠자코 있었다. 아빠가 무슨 말을 하려는지 짐작할 수 있었다. 그렇지만 이번만큼은 물러서고 싶지 않았다.

"하여튼 이건 내 돈으로 샀으니까, 내 거야."

동연이는 콧김을 내뿜으며 눈을 가느다랗게 떴다. 화가 많이 날 때 하는 행동이었다. 그럴 때면 동연이는 누구 말도 듣지 않았다. 아빠는 동연이 품에 새 축구공을 안겼다.

"이번 일은 며칠 생각해 봐야겠다. 그렇지만, 이동연! 정말 좋은 축구 선수는 생각을 많이 하는 선수야."

동연이는 아빠를 노려보았다. 아빠까지 괴상한 소크라테스 감독처럼 생각을 많이 하라고 이야기했다. 동연이는 축구공을 바닥으로 던졌다.

"골만 많이 넣으면 돼. 축구 선수한테 뭐가 더 필요해?"

동연이는 아빠 등을 떠밀었다. 엄마와 아빠가 방에서 나간 다음 동연이는 두 주먹을 불끈 쥐었다.

"쳇, 누가 옳은지 두고 봐."

다음 수업 시간에 동연이는 10분이나 늦었다. 엄마가 시장 갈 때 쓰는 바퀴 달린 장바구니에 축구화와 축구공, 운동복을 잔뜩 챙겨 오느라 다른 날보다 시간이 많이 걸렸다.

동연이는 운동장 한쪽 긴 의자에 짐을 풀었다. 먼저 의자 위에 운동복을 나란히 펼쳐 놓았다. 운동복 다섯 벌을 놓고 그 위에 축구공 네 개를 올려놓았다. 다음으로 축구화 네 켤레를 꺼냈다.

처음에 동연이가 운동복을 꺼낼 때만 해도 친구들은 멋진 운동복이라며 감탄했다. 하지만 축구공 네 개를 꺼내자 조금씩 비아냥거리기 시작했다. 축구화를 꺼냈을 때는 더했다.

"장사할 거야?"

준영이 말에 동연이는 화를 버럭 냈다.

"그런 거 아냐! 여기서 골라 입을 거야!"

병건이가 피식 웃었다.

"엄청 많아서 좋겠다. 그걸 다 어디다 쓸 건데?"

동연이는 운동복을 하나씩 짚었다.

"이건 프리킥 할 때, 이건 드리블 할 때, 그리고 이건 단독 돌파할 때, 이건 결정적인 골을 넣을 때 그리고 이건……."

마지막 운동복을 어떤 때 입어야 할지 이야기하기도 전에 아이들이 와하하 웃었다.

"야, 그럼 축구하다 말고 옷을 계속 갈아입어야겠네. 우아, 프리킥이다, 그러면 쏜살같이 들어와서 옷 갈아입고 드리블 할 때 또 갈아입고, 단독 돌파하면 또 갈아입고. 진짜 바쁘겠다."

동연이는 비아냥거리는 재혁이를 노려보았다.

"남이야 옷을 갈아입든 말든, 내 맘이야!"

"그럼 잘해 보셔. 감독님, 우리는 먼저 수업해요."

재혁이 말에 대답하듯 소크라테스 감독이 호루라기를 불었다.

"자, 너희는 먼저 운동장을 천천히 돌아. 동연이는 축구화랑 운동복 고르고."

감독과 아이들은 호루라기 소리에 맞춰 뛰었다.

동연이는 운동복을 골랐다가 다시 내려놓기를 반복했다. 아무래도 오늘은 프리킥을 할 것 같지 않았다. 그렇다고 단독 돌파를 할 것 같지도 않았다. 하지만 그랬다가 만에 하나 그런 기회가 왔을 때 제대로 된 옷을 입고 있지 않으면 왔던 행운도 달아날 것 같았다.

축구화도 어떤 걸 신어야 할지 결정하기 힘들었다.

어느새 운동장을 다 돈 아이들이 감독과 함께 공을 주고받았다. 동연이는 아직도 운동복을 고르지 못했다.

'내가 아는 축구는 자신의 한계를 인정하는 거란다.'

양씨 아저씨 가게에서 소크라테스 감독이 했던 말이 동연이 귓가를 울렸다.

"너무 많이 가져왔나?"

프로 선수가 되려면 연습을 많이 해야 하는데 오늘은 연습을 하나도 하지 못했다.

동연이는 긴 의자에 털썩 주저앉았다.

"도대체 내 한계가 뭐야. 진짜 이상한 감독이잖아. 축구가 그렇게 희한한 거였어? 쳇."

하지만 시간이 지나면 지날수록 동연이는 소크라테스 감독의 말이 예사롭게 느껴지지 않았다.

저 멀리 소크라테스 감독과 아이들이 보였다. 감독은 호루라기를 불었고, 아이들은 공을 차며 몰려다녔다. 동연이의 눈에는 낡은 운동화도, 낡은 운동복도 들어오지 않고 오로지 공 하나만 보였다.

패스는 진짜 싫어!
• 참다운 진리는 정의로운 행동에서 비롯된다 •

　동연이는 공을 차는 아이들에게 잔소리를 했다. 하나같이 다 마음에 안 들었다. 축구단에 들어왔으면 축구를 해야 하고, 그러려면 당연히 기본을 갖추고 있어야 한다. 하지만 대부분의 아이들은 그렇지 않았다. 툭 하면 헛발질을 했고, 공을 차는 시간보다 굴러간 공을 찾으러 다니는 시간이 더 많았다. 그중에서도 아영이가 공을 차는 모습은 눈 뜨고 볼 수가 없었다. 아영이가 공을 차면 동연이 목소리가 저절로 높아졌다.
　"권아영, 공은 발끝이 아니라 발 안쪽으로 차야지. 그렇게 발끝으로 차니까 계속 헛발질이잖아."

아영이는 샐쭉하게 입술을 내밀었다. 단발머리 아영이는 키가 크고 빨리 달렸다. 하지만 공은 한 번도 차 본 적이 없는 모양이었다. 동연이는 아영이가 공을 찰 때마다 답답했다.

"규진이 너, 드리블을 하려면 제대로 해. 축구 선수들 하는 거 못 봤어? 여러 명을 제치고 멋지게 들어가잖아."

규진이는 들은 척도 안 했다. 오히려 드리블을 하는가 싶더니 반대편에 있던 재혁이한테 공을 날렸다. 재혁이는 그 공을 반대쪽으로 다시 넘겼다. 규진이와 재혁이는 두세 번 공을 주고받았다. 동연이는 규진이한테 버럭 소리쳤다.

"자기가 찰 공을 왜 남한테 줘? 너 바보야?"

규진이가 동연이한테 바짝 붙어 서서 따졌다.

"이동연, 축구를 입으로 하냐? 그럼 네가 제대로 된 축구를 보여 줘 봐. 그럼 되잖아."

동연이는 턱에 묻은 규진이 침을 닦으며 질세라 맞받았다.

"그래, 내가 제대로 된 축구를 보여 줄게. 축구는 뭐니 뭐니 해도 골이야. 골만 잘 넣으면 끝이라고."

동연이는 골대 앞에 섰다. 공을 발 앞에 멈춰 놓고 뻥 하고 찼다. 하나, 둘, 셋, …… 차고 또 찼다. 그러고는 자기가 얼마나 잘 차는지 보란 듯이 아이들을 찾았다. 하지만 동연이 옆에는 아무도 없었다. 아이들은 반대쪽 골대로 달려가서 공을 이리저리 돌리며 뛰고 있었다. 동연이는 축구를 못하는 아이들하고 어울리느니 차라리 혼자 하는 게 더 낫다고 생각했다.

 동연이는 다시 공을 찼다. 열 번 차서 일곱 번, 이 정도면 꽤 괜찮은 편이다. 동연이는 골을 넣고 잔디 구장을 뛰어다니는 자기 모습을 상상했다.

 상상 속에서 동연이는 멋진 프로 축구 선수다. 모든 사람들이 동연이 이름을 외치고 동연이가 나오지 않는 경기는 재미없다고 외면한다. 동연이가 축구장에 나타나면 사람들은 동연이가 경기를 활기차게 해 줄 거라고 믿고, 부상으로 출전하지 못하면 빨리 낫기를 기원한다며 병원까지 몰려온다.

 동연이는 흐뭇하게 미소를 지었다. 생각만 해도 짜릿했다. 벌써 마음은 프로 축구 선수가 된 것 같았다.

 "동연아, 혼자 뭐 하니?"

 소크라테스 감독이 다가왔다.

 동연이가 생각하던 기분 좋은 광경이 쨍그랑 유리 깨지듯 사라졌다.

 "골 연습을 하고 있었구나. 그런데 축구에서 정말 골만 중요할까?"

"차라리 그냥 답을 알려 주세요. 매일 괴상한 질문만 하지 마시고요."

감독이 피식 웃었다.

"그러게. 하지만 내가 뭘 알아야 답을 알려 주지. 나도 답답해."

동연이가 투덜댔다.

"답답한 건 감독님이 아니라 나라고요. 하늘을 쳐다보면서 공을 차면 다 감독님처럼 이상해져요? 딱딱, 요점만 짚어 달라고요. 어떻게 하면 축구를 잘할 수 있는지, 슛을 잘 날리려면 어떻게 해야 하는지, 그걸 알려 주는 게 진짜 감독이잖아요!"

감독은 대답 없이 하늘만 쳐다보았다.

그때 주영이가 찬 공이 감독 쪽으로 날아왔다. 동연이는 자기도 모르게 눈을 질끈 감았다.

"그런데 동연아……."

툭툭, 두 번 가벼운 소리가 났다.

동연이는 지금쯤 감독이 축구공에 맞았으리라 생각했다. 축구공에 맞아서 감독이 고통스러워하면, 그것 보라며 감독은 말만 하는 사람이 아니라 공을 차는 방법을 알려 주는 사람이라고 말하고 싶었다. 그런데 눈을 떠 보니 멀쩡하게 서 있는 감독이 보였다. 감독은 축구공을 발로 툭 차서 다시 주영이한테 보내 주었다.

"우아, 멋져요, 감독님!"

주영이가 폴짝폴짝 뛰어왔다. 동연이는 자기가 눈을 감은 동안 도대체 무슨 일이 벌어진 건지 알고 싶었다.

"어떻게 공을 그렇게 쉽게 잡으셨어요? 공을 보고 있지도 않으셨잖아요. 비결이 뭐예요?"

주영이가 숨도 쉬지 않고 물었다. 감독은 허허 웃으며 주영이 머리를 쓰다듬었다.

"꼭 보지 않아도 알 수 있지. 진리가 눈에 보이지 않아도 존재하는 것처럼."

"진리요? 그건 우리 초등학교 이름이잖아요."

소크라테스 감독이 긴 수염을 배배 꼬았다.

"진리는 참된 이치야. 축구에도 참된 이치가 숨어 있단다. 나는 그 진리를 꼭 찾고 싶어."

그러나 동연이는 축구에 숨어 있는 진리 같은 건 궁금하지 않았다. 다만 감독이 날아오는 축구공을 어떻게 멈추었는지 못 본 것이 안타까울 뿐이었다.

주영이가 다른 아이들에게 뛰어가고, 동연이는 다시 골대 앞에 섰다. 한 번, 두 번, 이번에는 공이 말을 듣지 않았다. 등 뒤에서 감독이 지켜보는 게 느껴져서인지 생각대로 몸이 움직이지 않았다. 동연이는 정말 잘하고 싶었다.

 마지막으로 동연이가 뻥 찬 공은 앞으로 나가는 게 아니라 동연이 머리 위로 솟았다. 동연이는 다시 눈을 감았고 또 툭툭 소리가 났다. 눈을 뜬 동연이는 위에서 떨어지던 공이 얌전히 자기 발 앞에 놓인 걸 보았다.

 동연이는 소크라테스 감독을 바라보았다. 감독은 아까와 똑같은 자리에 서 있었고, 전혀 움직인 것 같지도 않았다. 텔레비전에서 프로 선수들이 하던 모습을 떠올리더라도, 조금 전처럼 떨어지는 공을 그렇게 얌전히 다루는 건 쉬운 일이 아니었다.

 동연이도 주영이처럼 어떻게 한 거냐고 묻고 싶었다. 하지만 입을 연 건 동연이가 아니라 소크라테스 감독이었다.

 "너 정말 축구가 뭔지 알아?"

 또 그 이상한 질문이다.

 "당연히 골이죠. 무조건 점수를 내서 이기는 거죠."

 "그렇구나, 그럼 네가 생각하는 축구를 한번 해 볼까?"

 감독이 호루라기를 불었다. 저쪽 골대에서 뛰던 아이들이 우르르 몰려왔다.

"지금부터 연습 경기를 해 보자. 우리가 열두 명이니까 여섯 명씩 편을 나눠 볼까? 옳지, 지금 서 있는 대로 나누자."

아영이와 준영이, 원준이, 규진이와 현수가 동연이 편이었다. 동연이는 축구화로 바닥을 퍽 찼다. 흙먼지가 일었다. 하필이면 공을 제대로 찰 줄 모르는 아영이랑 한편이라니, 해 보나마나 뻔한 경기였다. 한편 동연이는 이 기회를 잘 살리고 싶었다. 자기가 얼마나 축구를 잘하는지, 소크라테스 감독이 얼마나 엉터리인지 보여 줄 좋은 기회였다.

소크라테스 감독이 호루라기를 불었다. 공은 중앙선을 넘어 이쪽에서 저쪽으로 왔다 갔다 했다. 공을 따라다니는 아이들의 발도 바빠졌다.

규진이가 공을 잡았다. 동연이는 앞쪽으로 달려가며 외쳤다.

"야, 패스, 패스. 나한테 차. 내가 한 골 멋지게 넣어 줄게."

그러나 규진이는 준서한테 공을 뺏겼다. 준서는 민서한테, 민서는 병건이한테, 병건이는 재혁이한테 공을 패스했고 재혁이는 순식간에 골대로 달려갔다. 준영이가 재혁이를 막았지만 재혁이는 준영이를 제치고 공을 찼다.

동연이는 질끈 눈을 감았다. 다행히 재혁이가 찬 공은 골대를 훨씬 벗어났다.

골키퍼를 맡은 현수가 공을 뻥 찼다. 공은 수비를 맡은 준영이한테 이르고 준영이는 그 공을 몰고 앞으로 나아갔다.

"준영아, 나한테 차. 내가 골 넣는다니까!"

성큼성큼 뛰어오던 준영이가 그 공을 동연이한테 넘겼다. 동연이는 공을 받아서 제자리에 멈춘 다음 다시 발로 차며 뛰었다. 열 발짝, 일곱 발짝, 다섯, 셋, 어느새 골대 앞에 섰다. 동연이는 골대 앞에 멈춰 서서 공을 발밑에 두었다. 조금 전까지 운동장을 굴러다니던 공은 바르르 떨며 계속 앞으로 굴러가고 싶어 했다. 동연이는 숨을 골랐다.

뻥, 그다음에는 당연히 공이 골대 안으로 들어가야 했다. 하지만 공은 골대 근처에도 가지 못하고 아영이 앞에 떨어졌다. 아영이는 공을 힘차게 찼다. 그러나 공은 제자리에 있고 아영이는 엉덩방아를 찧었다. 그러자 수빈이가 그 공을 가로채 준서한테 넘겼다.

"에이, 진짜……."

동연이가 아직 골에 미련을 버리지 못하고 골대 앞에 머물러 있는 동안, 등 뒤쪽에서 요란한 소리가 났다.

"골! 골인!"

동연이가 그토록 하고 싶었던 골 세리모니를 동연이가 아닌 재혁이가 하고 있었다. 재혁이는 두 팔을 벌리고 운동장을 날아갈 듯이 뛰어다녔다. 동연이는 이를 빠드득 갈았다. 하필이면 저 녀석이 골을 넣다니, 정말 재수 없는 날이다.

삐익!

소크라테스 감독이 호루라기를 불었다.

"다들 수고했다. 오늘 수업 끝!"

아이들은 골을 넣은 재혁이를 둘러싸고 기분이 어떠냐고 서로 물었다. 동연이는 그 자리에 끼지 않았다. 대신 긴 의자에 앉아 계속 바닥을 축구화로 퍽퍽 찼다.

아영이와 준영이가 공을 챙겨와 의자 옆에 놓았다.

동연이는 자기가 골을 못 넣은 게 다 아영이 탓이라고 여겼다. 아영이가 공을 뺏기는 바람에 골대 가장 가까이에 있는 동연이한테 다시 와야 할 공이 상대편으로 넘어갔기 때문이다.

"권아영, 그렇게 공을 못 차면서 축구단에는 왜 들어왔어?"

아영이는 눈물을 글썽였다.

"못하니까, 배우러 왔지."

동연이는 울음 섞인 아영이 말에 짜증이 났다. 자기가 원하는

답이 아닌 것도 짜증 났고 자기가 잘못하고서 우는 건 더 싫었다.
"다른 거 배워. 스포츠 댄스도 있고 줄넘기도 있잖아. 왜 하필 축구야? 할 거면 수빈이처럼 잘하든가. 기껏 흐름을 잡을 만하면 끊어 놓지 말고."

아영이는 눈물을 뚝뚝 떨어뜨렸다. 수빈이가 다가왔다.

"야, 이동연, 말이 너무 심하잖아. 그러는 넌 날 때부터 잘했어?"

수빈이는 아영이 어깨를 감싸며 동연이에게 말했다. 준서와 민서도 아영이 편을 들었다.

"나도 잘하고 싶어."

아영이가 울먹이며 말했다. 동연이는 아영이를 달래고 싶지 않았다. 대신 지금 입은 운동복과 축구화는 다시는 입지도 신지도 않으리라 다짐했다. 단지 기회를 잘못 잡았을 뿐이다. 다음번에 다른 걸 입으면 지금처럼 바보같이 공을 차지 않을 것이다.

아이들은 아영이를 달래며 교문 밖으로 빠져나갔다. 동연이는 혼자 남았다.

"오늘 수업이 마음에 안 드니?"

감독이 다가와 옆에 앉았다.

"왜 하필 아영이가 우리 편이에요? 저쪽 편에 낀 수빈이는 잘하는데 아영이는 공을 못 찬단 말이에요. 이건 불공평해요."

"그래? 아영이가 공을 못 차는구나. 그럼 너는 잘 차니?"

동연이는 으스대며 대답했다.

"당연하죠. 아까 보셨잖아요. 열 번 넣어서 일곱 번이나 성공시켰잖아요."

"그렇구나. 그런데 왜 너한테 오는 공은 못 찼을까?"

동연이는 코웃음을 쳤다.

"그거야 애들 실력이 후져서 그렇죠."

"아하, 후지다는 게 실력이 형편없다는 뜻이지? 준서하고 민서는 안 그렇던데. 손발이 착착 잘 맞잖아. 저렇게 잘 맞는 선수들도 드물어."

"형제잖아요. 게다가 다른 편이고요. 우리 편 애들이 다 후지다고요."

소크라테스 감독이 하늘을 쳐다보았다. 아무 말 없는 감독 옆에 앉아 있으려니 실패한 골이 다시 떠올랐다. 동연이는 자리에서 벌떡 일어났다. 지금 기분 같아서는 새 축구화를 또 사고 싶었지만, 얼마 전에 새 축구화와 공을 잔뜩 사는 바람에 더 이상 돈이 없었다.

"동연아, 아영이랑 축구하는 건 어때?"

동연이는 아영이 이름만 들어도 기분이 나빴다.

"딱 질색이에요."

"아하, 그렇구나. 그럼 아영이는 어떻게 생각할까? 너처럼 화내고 공을 제멋대로 주는 친구와 같은 편이었잖아."

동연이는 감독을 노려보았다.

"애들이 나한테 패스를 잘 안 하는데, 특히 아영이는 절대 안 한다고요! 아니 못 한다고요! 걔가 제대로 공을 넘기는 걸 보셨어요?"

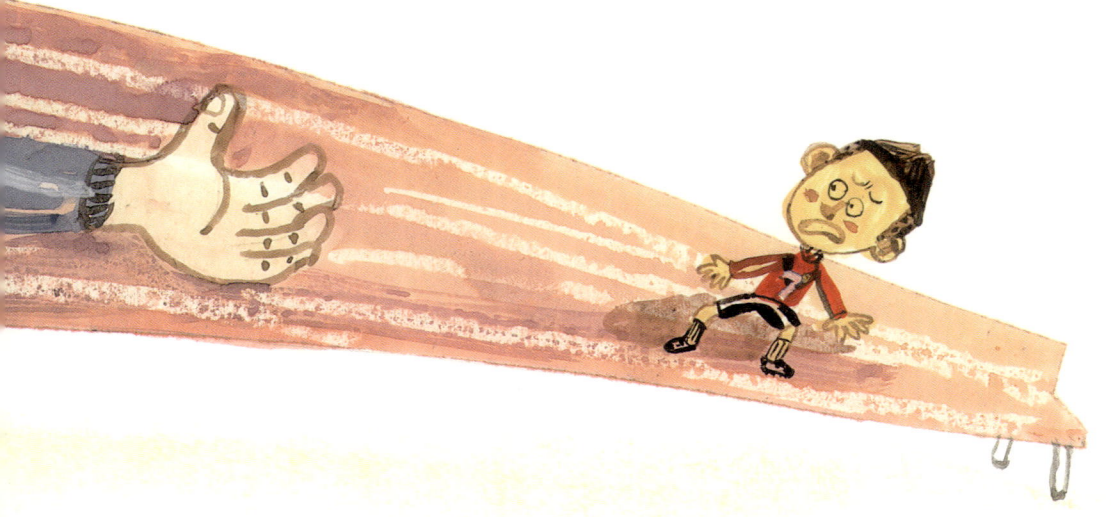

감독은 동연이의 눈길을 피하지 않고 물끄러미 바라보았다. 그 눈길은 힘이 넘치면서도 부드러웠다. 동연이가 한 번도 보지 못한 눈길이었다. 힘이 넘치면 힘으로 맞서면 되고, 부드러우면 자기가 더 세다는 걸 보여 주면 되는데 둘 다 가진 눈길은 당황스러웠다. 동연이는 애써 감독을 외면하고 애꿎은 의자 다리만 걷어찼다.

"그건 차별 같은데……. 정의롭지도 못하고. 그러면 진리를 얻을 수 있을까?"

동연이는 더 이상 감독이 하는 이상한 얘기를 듣고 싶지 않았다. 들으면 들을수록 화가 나고, 자기가 뭔가 큰 잘못을 한 것 같아서 견딜 수 없었다.

"젠장, 축구에 무슨 정의가 있고 진리가 있어요?"

"참다운 진리는 정의로 얻을 수 있어. 바꿔 말하면, 정의롭지 못한 사람은 참다운 진리를 얻을 수 없지. 너만 생각하는 축구, 그게 과연 정의로울까?"

동연이 얼굴이 발갛게 달아올랐다. 소크라테스 감독의 마지막 말이 가슴 한쪽을 주먹으로 때리듯이 아프게 다가왔다.

"그래도 축구는 골이 최고예요! 그러는 감독님은 축구가 뭔지도 잘 모르잖아요!"

감독에게 쏘아붙인 동연이는 후다닥 뛰었다. 하늘만 쳐다보는 감독은 축구가 뭔지도 모르면서 이상한 질문만 하고, 실력이 뒤떨어지는 아이들은 다 자기편이고, 축구 이론을 누구보다 빠삭히 알고 있는 자기 말은 아무도 듣지 않았다.

'내가 왜 이 수업을 들었을까? 나처럼 잘하는 사람은 프로 선수가 지도하는 어린이 축구단에 들어갔어야 하는데.'

불행히도 동연이네 동네에는 프로 축구단이 없었다. 동연이는 멋진 프로 축구단이 있는 동네로 이사 가고 싶었다. 구질구질한 옷을 입은 대머리 축구 감독 말고, 날렵하고 멋지게 공을 몰 줄 아는 프로 선수가 감독이었으면 좋겠다고 생각했다.

학교를 나오자마자 새로 생긴 분식점이 눈에 띄었다. 동연이는 분식점으로 들어갔다.

가게 안은 사람들로 꽉 차 있었다.

"어, 어서 와, 이동연."

준영이가 자리에서 벌떡 일어났다. 준영이 옆에는 아영이가, 아영이 맞은편에는 수빈이가 앉았고 또 다른 자리에는 재혁이와 병건이, 주영이가 있었다. 그 옆 자리에도 축구단 아이들이 앉아 있었다.

"뭐 먹을래? 엄마, 여기도 내 친구예요."

준영이 말에 앞치마를 두른 뽀글 머리 아줌마가 함박웃음을 지었다. 납작한 코, 까무잡잡한 피부가 준영이와 꼭 닮았다.

"어서 와. 너도 준영이 친구니? 오늘 축구단 친구들이 다 모였구나. 어디 보자, 뭐 먹을래? 오늘은 특별히 아줌마가 쏠게."

동연이는 준영이 엄마가 자기를 알은체하는 게 싫었다. 게다가 준영이 친구라니, 자기 아들이 얼마나 축구를 못하는지 알면 저렇게 친한 척은 못하겠지 싶어 기분이 나빴다.

"그냥 컵 떡볶이 먹을게요. 오백 원이죠?"

동연이는 주머니에서 오백 원을 꺼내 계산대에 탁 소리가 나게 놓았다.

"같이 먹자. 우린 같은 편이잖아."

준영이가 살갑게 웃으며 동연이 팔을 잡았다. 하지만 동연이는 준영이 팔을 휙 뿌리쳤다.

"같은 편은 무슨, 똑바로 하지도 못하면서."

그러자 재혁이가 자리에서 벌떡 일어났다.

"그래, 너 혼자만 잘났다 이거지? 야, 이동연, 운동장에서는 모두 자유야. 너는 진짜 축구가 뭔지 모르는구나."

"축구? 축구는 그냥 골이야. 그거면 끝이라고. 감독님이 이상한 말을 하니까 다들 어떻게 된 거 아냐?"

동연이는 집게손가락을 머리 옆에서 빙빙 돌렸다. 그러자 준서와 민서도 자리에서 벌떡 일어났다. 자리에 앉아 있던 아이들은 포크를 내려놓고 동연이를 쳐다보았다. 동연이는 모두 다 마음에 안 들었다.

준영이 엄마가 컵에 떡볶이를 담아 동연이 손에 쥐어 주었다.

"이 돈도 가져가라. 오늘은 내가 쏜다니까."

"됐어요."

동연이는 컵 떡볶이를 챙겨 문을 열었다.

"너 혼자 아무리 잘해 봐야 절대 안 돼. 다 같이 해야 축구야. 알아?"

등 뒤에서 재혁이가 큰 소리로 말했다. 문손잡이를 잡은 동연이는 뒤를 돌아보지 않았다.

"아까는 공을 못 차는 애들이랑 같은 편이 돼서 운이 없었던 것 뿐이야."

그러자 아영이가 훌쩍훌쩍 다시 울음을 터뜨렸다. 동연이는 문밖으로 뛰쳐나왔다. 아까 운동장에서 아영이가 울 때는 짜증만 났지만 지금은 달랐다. 동연이도 아영이를 두 번이나 울릴 생각은 없었다. 동연이는 축구를 잘하고 싶었다. 공을 잘 차고, 골을 잘 넣고, 모두가 좋아하는 그런 선수가 되고 싶었다. 공을 잘 차기만 하면 모든 게 다 이루어질 것 같았는데……. 하지만 오늘은 공을 잘 차지 못했고, 기분은 바닥이었다.

동연이는 떡볶이를 이쑤시개에 꽂아 입에 넣었다. 매콤하고 달콤한 떡볶이가 입에 들어가자 기분이 조금 나아졌다. 그래도 몸은 여전히 무거웠다. 아니, 가슴 한쪽에 돌덩이가 들어 있는 것처럼 묵직했다.

"참다운 진리는 정의로 얻는다고? 근데 그게 축구랑 무슨 상관이야. 쳇, 내가 알 바 아니야."

동연이는 떡볶이를 질겅질겅 씹었다.
자꾸 울던 아영이 얼굴이 떠올랐다.
"야, 울지 마!"
떡볶이가 점점 질기게 느껴졌다.
"알았어, 알았다고, 미안해!"
그래도 마음은 가벼워지지 않았다. 동연이는 땅을 발로 휙휙 차며 걸었다. 발이 아프도록 차고 또 찼다.

비겁한 1등이라도 좋아
• 덕 있는 행동이 행복을 부른다 •

 축구 수업 다음 날, 짝을 바꿨다. 컴퓨터 모니터에 책상처럼 네모 칸이 나타나고 칸 안에는 반 아이들 이름이 있었다. 선생님이 마우스로 클릭을 하자 네모 칸이 휘리릭 움직이면서 뱅뱅 돌았다. 뱅뱅 돌던 칸이 멈추면서 새로운 짝이 정해졌다.
 동연이는 아영이와 짝이 되었다. 아영이는 움찔했고 동연이는 눈살을 찌푸렸다.
 아영이는 쉬는 시간마다 축구 책을 들여다보았고, 틈만 나면 공책에 그려 둔 축구장 그림에 연필로 이리저리 방향을 그었다. 점심시간에는 밥을 후다닥 먹어 치우고 연필을 계속 움직였다.

동연이는 아영이가 긋는 선들이 무엇을 뜻하는지 알 것 같았다. 그건 공격과 수비를 어떻게 움직일지 상상하는 작전 계획표 같은 거였다. 가끔 아영이가 그린 계획표가 아무 소용없는 방향으로 나갈 때도 있었다. 그런 그림을 보면 답답해서 자기도 모르게 틀렸다고 말하고 싶었다. 그러나 아영이가 울던 모습이 떠올라 동연이는 입을 다물었다.

 같은 반에 있는 준영이는 동연이한테 말을 걸지 않았다. 동연이가 가까이 오면 휙 몸을 돌려 딴 곳으로 피했다. 가끔 아영이가 준영이한테 말을 걸었고, 아영이와 준영이는 서로 축구 이야기를 나누었다. 그때도 틀린 이야기가 오고 갔지만, 동연이는 무

시했다.

　복도에서 축구단 아이들을 만나면 아이들은 어색하게 웃었고 동연이는 뒤돌아섰다. 동연이는 자기가 얼마나 멋진 축구 선수인지 제대로 보여 주겠다고 다짐했다. 동연이는 축구 수업 날을 손꼽아 기다렸다.

　동연이는 묵묵히 골대 앞에서 슛 연습을 했다. 골대 뒤에는 병건이 동생 병서가 왔다 갔다 하고 있었다. 동연이는 병서가 아니라 차라리 병건이가 골대 앞에 서 있었으면 했다. 골키퍼 없는 골대에 공을 차는 건 시시했다.

"형이 제일 잘 차?"

병서가 물었다.

"몰라!"

동연이가 퉁명스럽게 대답했다.

"잘 차니까 혼자 연습하겠지. 다른 형이랑 누나들은 같이 연습하잖아."

　오늘은 감독이 동연이 옆으로 오지 않았다. 동연이는 공을 뻥뻥 차며 부글부글 끓는 마음을 달랬다.

　이상한 축구감독, 뻥.

괴상한 질문, 뻥.

축구가 뭘까, 뻥.

진리라고? 뻥.

열 개를 차는 동안 소크라테스 감독이 그동안 했던 이야기들을 하나씩 공에 담아 날렸다. 그러면 마음이 좀 가라앉을 것 같았다. 하지만 날아가는 건 공뿐이었다. 동연이 마음속에 묵직하게 자리 잡은 질문들은 계속 남았다. 동연이는 공을 차고 또 찼다. 그래도 개운하지 않았다.

소크라테스 감독이 호루라기를 불었다.

각자 연습하던 아이들이 한 군데로 모였다.

"자, 오늘은 어떤 수업을 해 볼까?"

감독이 묻자 병건이가 대뜸 대답했다.

"이번에도 연습 경기해요."

"그럴까? 좋아. 그럼 지난번하고 똑같은 편으로 모여 봐."

동연이는 끄응 앓는 소리를 냈다. 똑같은 편이라니, 최악의 조합이었다. 공을 제대로 못 차는 아영이와 엉뚱한 방향으로 공을 날리던 규진이에 골 먹은 현수까지, 뭐 하나 마음에 드는 구석이 없었다.

동연이는 주먹을 불끈 쥐었다. 저번과 다른 운동복과 축구화로 무장했으니, 이번에는 아무리 후진 팀에 있다 해도 저번처럼 맥없이 당하지는 않으리라 다짐했다.

소크라테스 감독이 호루라기를 불었다.

동연이는 재빨리 상대편 골대 쪽으로 뛰었다. 누가 공을 갖고 오든, 그 공을 받아 공을 넣는 공격수가 되고 싶었다. 드디어 공이 왔다. 동연이는 더 빨리 뛰었다. 공이 발에 닿는 순간, 감독이 호루라기를 불었다.

"오프사이드!"

뒤통수를 맞은 느낌이었다. 축구 규칙이라면 누구보다 잘 알고 있다고 생각했는데 초보도 아니고 수비도 없는 공간으로 혼자 달려가 오프사이드 규칙에 걸리다니, 동연이는 분해서 씩씩댔다.

재혁이 편으로 넘어간 공은 휙휙 운동장을 가로질렀다. 동연이는 중앙선 근처에서 공이 왔다 갔다 하는 모양만 바라보고 있었다. 병건이가 공을 갖자 아영이가 따라갔다. 병건이는 그 공을 높게 띄워 준서 쪽으로 보냈다. 이번에도 아영이가 잽싸게 따라갔다. 준서는 민서한테, 민서는 병건이한테, 공이 재빨리 움직이는 모양이 심상치 않았다. 그러다 아영이 등에 공이 맞았다. 공은 크게 방향을 꺾으며 바닥으로 툭 떨어졌다.

준영이가 그 공을 받아서 동연이 쪽으로 뛰어왔다.

동연이는 심장이 쿵쿵 뛰는 소리를 느끼며 공을 향해 뛰었다.

동연이 쪽으로 수빈이가 달려왔다. 몸이 작은 수빈이는 재빠르고 날랬다. 조금 전까지 골대 근처에 있었는데 어느새 동연이 가까이 다가와 있었다.

동연이는 감독을 슬쩍 바라보았다. 감독 바로 옆으로 아영이가 뛰어왔다. 아영이는 키가 크고 수빈이는 작았다. 동연이는 수빈이를 팔로 밀었다.

"아얏!"

수빈이가 넘어지고 동연이는 아무런 방해 없이 공을 받았다. 동연이는 재빨리 뛰어 골대를 향해 공을 찼다. 하지만 재혁이 편 골키퍼인 주영이는 그 공을 가볍게 손으로 쳐 냈다. 그때까지 수빈이는 일어나지 않았다.

공이 골라인 밖으로 나가고, 넘어진 수빈이 옆으로 감독과 아이들이 달려갔다. 동연이는 혼자 코너킥을 준비했다.

천천히 몸을 일으킨 수빈이가 다리를 툭툭 털었다. 수빈이 둘레에 모여 있던 아이들은 우르르 동연이한테 몰려왔다.

재혁이가 따지듯 물었다.

"수빈이가 넘어졌어."

"그래서?"

"그래서라니, 왜 넘어지는지 내가 봤어."

"다리 힘이 없어서 넘어진 걸 나보고 어쩌라고."

동연이 목소리가 커지자 재혁이도 목소리를 키웠다.

"야, 이동연! 상대편 선수가 넘어지면 최소한 달려와서 다쳤는지 살피는 게 예의야. 자기가 공격할 기회가 왔어도 부상 선수가 있으면 공을 차서 아웃시키는 것도 예의라고. 넌 도대체, 축구를 어떻게 하는 거야?"

동연이는 재혁이가 가소로웠다. 골 좀 넣어 봤다고 잘난 체는 도맡아 하는 꼴이 눈꼴사나웠다. 게다가 낡은 축구화를 신고 이래라저래라 하다니 자존심이 상했다.

"그래서 수빈이가 다리를 삐었어? 걷지 못할 정도로 다쳤냐고. 그 정도 몸싸움은 흔히 있는 일이야. 나는 정정당당하게 공격했어. 감독님이 호루라기를 불지도 않았잖아."

"너, 진짜······, 두고 봐. 내가 너한테 축구가 뭔지 꼭 가르쳐 주겠어."

"쳇, 날 가르쳐? 네가? 웃기지 마셔. 축구는 내가 너한테 가르쳐야지."

동연이와 재혁이는 코너킥 자리에서 옥신각신 말다툼을 벌였다. 흥분한 재혁이가 동연이 목덜미를 잡았고 동연이도 질세라 재혁이 옷깃을 당겼다. 그때 소크라테스 감독이 다가와 두 사람을 말렸다.

"애들아, 우리는 지금 경기를 하던 중이야. 계속해도 될까?"

재혁이는 동연이를 잡은 손을 거칠게 내려놓고 자리로 돌아갔다. 동연이는 여전히 코너킥 자리에 서 있었다.

"지금 코너킥 할 차례야?"

동연이는 어이가 없었다. 그걸 감독이 자기한테 묻다니, 확실히 축구에 대해 뭘 모르는 사람이 분명했다. 저런 사람이 어떻게 축구 감독이 되었을까 궁금했다.

"빨리 호루라기 부세요."

감독이 호루라기를 불고 동연이는 코너킥을 찼다. 공은 곧바로 날아와 재혁이 머리에 맞았다. 공은 방향을 꺾어 준서 앞으로 떨어졌고, 준서는 그 공을 몰고 골대를 향해 뛰었다.

"에이, 진짜. 오늘도 영 안 풀리네."

동연이는 투덜대며 운동장을 뛰었다.

몇 번 공이 오고 가는 동안 아무도 골을 넣지 못했다. 아이들 얼굴에서는 땀이 흘렀지만 몸의 움직임은 점점 가벼워졌다. 동연이는 여전히 중앙선 근처에서 자기한테 공이 오기를 기다렸다.

그때 규진이가 공을 몰고 왔다. 동연이는 그 공을 간절히 기다렸다. 공이 오면 누구보다 재빨리 달려서 멋지게 슛을 날리고 싶었다. 오른발이 근질거렸다.

휙, 공이 동연이 쪽으로 날아왔다. 동연이는 공을 받을 준비를 했다. 하지만 동연이보다 병건이가 빨랐다. 병건이는 공을 가로채 뒤돌아섰다. 동연이는 벌겋게 달아오른 얼굴로 병건이 쪽으로 뛰었다. 동연이보다 느린 병건이가 공을 준서한테 넘기기 전에 동연이 발이 먼저 닿았다. 동연이는 다리를 비스듬히 눕혀 그 공을 빼앗았다.
근사한 태클이었다. 공을 가지자 동연이는 무서울 게 없었다.

수비수들이 아무도 따라오지 못할 정도로 재빠르게 뛰어 골대를 향해 뛰었다.

골대 앞에서 잠깐 숨을 고른 동연이는 있는 힘을 다해 공을 찼다. 그물이 철렁거렸다. 덩달아 동연이 마음이 하늘 높이 날아올랐다.

"야호, 골! 골!"

동연이는 제자리에서 펄쩍 뛰었다. 하지만 동연이 골을 기뻐해 줘야 할 같은 편 아이들이 아무도 보이지 않았다. 아이들은 모두 한자리에 모여 있었다. 동연이가 넣은 골을 들고 있던 골기퍼 현수도 공을 내팽개치고 중앙선 근처로 뛰어갔다.

골대 바깥에서 왔다 갔다 하던 병서가 엉엉 울면서 뛰어 들어왔다.

"형! 병건이 형!"

중앙선 근처에는 병건이가 드러누워 있었다. 병건이는 종아리를 감싸 쥔 채 몸을 웅크렸다.

"나 골 넣었어, 골 넣었다고!"

동연이가 같은 편 규진이한테 말을 걸었지만, 규진이는 냉랭하게 쏘아붙였다.

"어, 축하해."

규진이는 동연이한테 등을 돌렸다. 규진이뿐 아니라 원준이, 준영이, 현수, 심지어 아영이까지 등을 돌렸다.

거기서 경기가 끝났다.

종아리에 파스를 붙이고 한참 동안 주무르던 병건이는 절뚝이며 일어났다.

"같이 병원에 가자."

소크라테스 감독이 걱정스럽게 말했지만 병건이는 고개를 가로저었다.

"괜찮아요. 집에 가서 찜질하면 나을 거예요. 잠깐 놀랐을 뿐이에요."

병건이와 병서가 가방을 챙겨 운동장을 떠나자 다른 아이들도 우르르 따라갔다. 운동장에는 소크라테스 감독과 동연이만 남았다.

"감독님, 저 골 넣었어요."

감독이 씁쓸하게 웃었다.

"그래, 축하한다. 골 넣으니까 기분이 어때?"

"좋죠. 그걸 몰라서 물어보세요?"

"아니다. 그건 나도 알지. 하지만 거짓말이나 나쁜 행동은 영혼까지 물들인단다. 너는 축구를 하면서 두 번이나 거짓말을 했어. 수빈이를 슬쩍 밀면서 남이 보지 못할 거라고 생각하고 자신을 속였고, 병건이한테 심한 태클을 해서 네 스스로가 올바른 축구를 하지 못하게 만들었어. 너는 지금 행복하니?"

지난번에는 진리 타령이더니 이번에는 행복이다. 갈수록 태산이라더니, 소크라테스 감독이 딱 그랬다. 하나를 이야기하면 또 하나가 꼬리를 물듯 나타나고 그 질문들이 갈수록 쌓이고 쌓여 동연이 마음을 어지럽혔다.

"골을 넣어서 기뻐요. 그러니까 행복한 거죠."

"행복은 덕으로 만드는 거야. 덕이 있어야 행복해져. 네가 골을 넣었는데 아무도 기뻐하지 않았어. 그런데도 네가 행복할 수 있을까?"

동연이는 입을 다물었다. 사실은 억울했다. 다른 사람들은 몰라도 자기 편 아이들은 축하를 해 주리라 믿었다. 골을 넣으면 모두가 달려와 축하하고, 함께 운동장을 날아다니며 소리쳐야 했다. 그런데 오늘은 동연이만 기뻐했고 다른 사람들은 아무도 기뻐하지 않았다.

"덕이 있어야 행복하다고요? 그게 축구랑 무슨 상관이에요?"

동연이는 자신 없는 목소리로 물었다.

소크라테스 감독은 동연이를 긴 의자 쪽으로 데려갔다. 감독은 말없이 축구 양말을 내렸다. 두꺼운 축구 양말에 가려진 다리가 드러났고, 종아리에 긴 상처가 나 있었다.

"이건 내가 축구하다 입은 상처야. 그때 상대편에서 백태클을 했는데 스파이크에 다리가 찢어졌지. 한동안 제대로 걷지도 못했어."

"그래서요?"

"너는 축구가 골이라고 했지. 골만 넣으면 된다고. 그래서 내가 물었어. 행복하냐고."

"……"

"동연아?"

"잘, 모르겠어요. 하지만 경기를 했으면 무조건 이겨야 해요. 1등이 아니면 아무 소용없어요. 올림픽에서 금메달을 딴 선수들은 시상대에서 웃으면서 즐거워하지만 은메달 딴 선수들은 고개를 푹 숙이고 운다고요. 그게 다 1등을 못 한 탓이에요."

소크라테스 감독은 자기 발에 난 상처를 살살 쓸어내렸다. 동연이는 그 상처를 보며 병건이를 떠올렸다. 만약 자기가 조금만 더 깊게 백태클을 했다면 병건이 종아리에 저런 상처가 났을 수도 있다. 그랬다면, 그래서 병건이가 제대로 걷지 못하게 됐다면……, 상상만 해도 소름이 끼쳤다.

"가끔씩 이 상처를 보면서 생각한단다. 무조건 이긴다, 1등만 한다, 골만 넣는다, 그게 무슨 의미가 있을까 하고 말이야. 아까 네가 병건이한테 한 백태클, 그건 프로 축구 선수들 사이에서도 경고 감이야."

동연이는 고개를 푹 숙였다.

"이기고 싶었어요."

소크라테스 감독이 동연이 머리를 쓰다듬었다.

"사람들이 기억하는 건 비겁한 1등일까, 아름다운 2등일까? 아마 정정당당하게 싸워서 넣은 골이라면 모두 기뻐했겠지. 그게 덕이란다. 비겁하지 않게 싸워 보렴. 다른 사람이 아니라 너 자신하고 싸우는 게 가장 중요해."

동연이는 울고 싶었다. 골을 넣은 기분 좋은 날, 축하 대신 차가운 시선을 받았다. 함께 승리를 축하해야 할 같은 편 아이들

이 동연이한테 등을 돌려 버렸다. 그래도 동연이는 아직도 큰 소리로 말하고 싶었다. 무조건 이기고 싶었다고, 골을 넣는 게 진짜 축구라고 외치고 싶었다. 그러나 한편으로는 자기가 뭔가를 잘못 알고 있는 건 아닐까 하는 두려움이 일었다.

'정말 축구가 뭘까?'

동연이는 이제까지 소크라테스 감독이 줄기차게 물었던 질문을 새삼 떠올렸다. 처음에는 자신 있게 대답할 수 있었는데, 이제는 자신이 없었다. 어떤 대답을 해도 정답이 아닐 것 같았다.

동연이는 터벅터벅 집으로 향했다.

엄마와 아빠가 동연이를 거실로 불렀다. 동연이는 엄마 옆에 앉았다.

"컴퓨터 사려고 모은 돈 있지? 가져와 봐. 보태서 새로 사 줄게. 마침 싸게 나온 게 있더라."

엄마가 종이 한 장을 흔들었다. 그 종이에는 컴퓨터 100대를 한정 특가로 판다고 써 있었다. 동연이는 손가락을 귓불에 갖다 댔다. 동연이는 거짓말을 하거나 당황하면 귀가 빨개졌다.

"지금…… 사려고? 조금 더 있다 사도 되는데. 아직 안 필요해. 지금 쓰는 것도 쓸 만한데."

아빠가 동연이를 물끄러미 바라보았다. 동연이는 두 손을 귓가에 갖다 댔다. 벌써 귀 전체가 빨갛게 달아오른 게 느껴졌다.

"이동연, 컴퓨터 살 돈 지금 당장 가지고 와."

아빠는 목소리를 낮추어 말했다. 힘이 실린 목소리에서 아빠가 얼마나 단단히 마음을 먹고 있는지 느껴졌다. 동연이는 두 손으로 귀를 감싸고 눈을 질끈 감았다.

"없어, 잃어버렸어."

엄마가 아빠를 바라보았다. 아빠는 동연이를 쏘아보았다.

"손 내려 봐."

동연이는 못 들은 척 가만히 있었다. 아빠가 소파에서 일어나 동연이한테 다가와 귀에서 손을 떼 내었다.

"그 축구화랑 축구공, 용돈만으로 산 거 아니지. 그렇지?"

동연이는 될 대로 되라 싶었다. 용돈을 줄 때는 언제고 그 돈을 다시 내놓으라는 건 잘못이다. 한 번 줬으면 그걸로 끝이지 그걸 다시 내놓으라는 아빠가 억지를 부리는 것 같았다.

"응. 컴퓨터 살 돈도 보탰어. 어차피 내가 쓸 컴퓨터고, 나는 컴퓨터보다 축구화가 더 필요했어. 그게 뭐 잘못됐어?"

동연이는 당당했다. 컴퓨터 살 돈이라고 따로 떼어 놓긴 했지만 그 돈도 동연이가 심부름할 때 받은 돈이나 세뱃돈 받은 걸 조금씩 따로 모은 것이다. 그러니 누가 뭐래도 동연이 돈이었다. 하지만 엄마와 아빠는 동연이와 생각이 달랐다.

"그렇게 큰돈을 쓰면서 말을 안 하다니, 그건 잘못된 거야."

아빠가 못 박듯 말했다. 동연이는 배에 힘을 주었다.

"그건 내 돈이야."

엄마가 벌떡 일어나 부엌으로 들어갔다. 컵에 물을 따르는 소리가 거실까지 새어 나왔다.

"엄마나 아빠한테 말을 안 한 건 너도 그걸 잘못이라고 생각했기 때문일 거야. 귀가 빨개질 정도로 잘못했다고 생각하지만 인정하기 싫은 거겠지."

동연이 생각은 달랐다. 귀가 빨개진 건 아빠가 자기를 노려봤기 때문이고 컴퓨터 살 돈으로 축구화를 산 건 잘못이 아니라고 생각했다.

"그 돈을 써도 되냐고 물어봤어야지."

단호한 아빠의 말에 동연이는 벌떡 일어나 또박또박 말했다.

"훌륭한 축구 선수가 되기 위해서는 어쩔 수 없었어. 새 축구화가 필요했다고 몇 번이나 말했잖아."

아빠도 이번만큼은 그냥 넘어가지 않을 생각이었다.

"그래서 원래 축구화를 살 돈이 아닌 것까지 써서 축구화를 산 만큼, 축구를 잘하게 됐니?"

"그건……."

동연이는 입을 다물었다.

"너 지금 비겁해. 그렇게 비겁하게 축구하면 절대 오래 할 수 없어. 네가 노력하지 않고 자꾸 축구화 탓만 하잖아. 공부가 잘 안 되면 책상을 새로 사야 하고, 잠이 잘 안 오면 침대를 또 살 거야?"

동연이는 휙 뒤돌아섰다.

"야, 이동연!"

아빠가 등 뒤에서 소리쳤지만 동연이는 돌아보지 않았다.

"나는 1등 선수가 될 거야, 내 맘대로 할 거라고!"

동연이는 방문을 잠갔다.

문밖에서 엄마와 아빠가 다투는 소리가 들렸다. 애가 해 달라는 걸 무조건 해 주니 애를 망쳤다는 아빠 목소리와 조금 더 두고 보자는 엄마 목소리가 뒤엉켰다.

동연이는 침대에 누워 축구공을 천천히 위로 던졌다. 동연이를 비겁하다고 몰아세웠던 재혁이와 행복하냐고 묻던 소크라테스 감독의 목소리가 생생했다.

1등 선수가 되기 위해서는 우선 멋진 장비를 갖춰야 한다고 생각했고 그러기 위해서 매번 좋은 축구공과 축구화를 샀다. 그리고 축구 규칙도 누구보다 많이 알았다. 동연이 계획대로라면 지금쯤 동연이가 축구단에서 1등 선수여야 했다. 그러나 현실은 그렇지 않았다.

동연이는 혼자서만 연습했고, 다른 아이들의 패스를 받지 못했고, 골을 성공시켜도 축하 받지 못했다. 골만 넣으면 다 될 줄 알았는데 그게 아니었다.

엄마와 아빠가 다투는 소리가 점점 커지고, 엄마가 훌쩍거렸다. 아빠가 화를 내며 방으로 들어가고 엄마는 다시 부엌으로 들어가 달그락달그락 냄비를 닦았다. 엄마는 화가 나면 냄비를 모조리 꺼내 반질반질 윤이 나게 닦았다.

 동연이는 축구공을 꼭 끌어안았다. 사고 싶은 축구화와 축구공을 다 가졌는데도 전혀 행복하지 않았다.

후보 선수라니, 말도 안 돼
• 옳다고 생각하는 일이라면 꿋꿋이 하라 •

 아빠는 지금처럼 돈을 물 쓰듯 하는 버릇을 당장 고쳐야 한다며 동연이 용돈을 줄였다. 동연이가 억울하다고 항의했지만 아빠는 못 들은 척했다. 거기에 한술 더 떠서 엄마한테도 단단히 일렀다.
 "행여 동연이한테 특별 용돈이라는 핑계로 돈 주지 마. 컴퓨터 살 돈을 동연이한테 맡긴 건 돈을 관리하는 능력을 키우라는 뜻이었지 마음대로 쓰라는 건 아니었어. 그때 동연이도 함께 들었잖아. 그런데 봐, 지금 상황이 어떤지."
 동연이는 입을 다물었다. 동연이는 아빠가 저금통을 줄 때 일을 까맣게 잊고 있었다. 아빠가 컴퓨터는 푼돈으로 살 수 있는 물건이 아니니까 직접 쓸 사람이 돈을 모아서 사는 게 좋겠다고 했고, 동연이는 흔쾌히 저금통을 받았다. 그 뒤부터 용돈을 받으면 컴퓨터를 살 돈과 쓸 돈으로 나누었다. 한 달, 두 달은 똑같이 나누었지만 여섯 달이 지나면서부터 동연이는 저금통에 용돈을 나누어 넣지 않았다. 대신 엄마나 아빠가 종종 특별 용돈이라며 저금통에 돈을 넣어 주었다.

집에서는 아빠 엄마하고 눈을 마주치기가 두렵고 학교에서는 친구가 없었다. 특히 축구단에서는 더했다.

아이들은 동연이를 끼워 주지 않았다. 골을 넣거나 패스를 받는 건 어쩌다 한 번이었다. 보다 못 한 소크라테스 감독이 동연이한테 패스하는 게 어떠냐고 말할 때만 공을 받았다. 가뭄에 콩 나듯 아이들한테 공을 받다 보니 동연이는 축구 수업이 즐겁지 않았다. 동연이는 물 위에 뜬 기름처럼 겉돌았다. 일주일에 한 번 있는 수업 시간인데 동연이는 골대 앞에서 혼자서만 연습을 했다. 그리고 기회를 노렸다.

동연이는 소크라테스 감독의 말이 끝나자마자 침을 꼴깍 삼켰다.

"언제라고요?"

수빈이가 소크라테스 감독에게 되물었다.

"한 달 뒤. 서경 초등학교 방과후 축구단이랑 경기를 하기로 했어. 거기도 방과후반, 우리도 방과후반이니까 재밌겠지?"

한 달이라면 정말 얼마 남지 않았다. 수업도 몇 번 하지 않은 상태에서 덜컥 경기를 잡다니, 감독이 아무 생각 없는 사람처럼 보였다. 하지만 아무래도 상관없었다. 동연이는 아빠와 감독, 아이들에게 보여 주고 싶었다. 누가 뭐라 해도 이동연이 최고라는 사실을 알리고 싶었다.

"그쪽도 열두 명이야."

그러자 아이들이 술렁거렸다. 축구는 열한 명이 뛰는 경기다. 골키퍼를 빼면 수비와 공격을 합해 열 명이 뛴다. 진리 초등학교 방과후반은 모두 열두 명이니 누군가 한 명은 후보 선수가 되어야 한다. 다들 눈치를 슬슬 보았다.

"누군가 후보 선수가 되어야겠네."

규진이가 속삭이자 아이들 표정이 일그러졌다. 아무도 후보 선수가 되고 싶지는 않을 것이다.

동연이도 다른 아이들과 같은 마음이었다. 처음부터 끝까지 운동장을 뛰어다니며 소리 지르고 공을 차고 싶었다. 후보 선수

로 기다리면서 누군가가 교체되어 나오기만을 기다리는 건 정말 싫었다.

 수업을 시작하던 첫날 이런 이야기가 나왔으면 당연히 자기는 잘하니까 다른 아이를 후보로 하자고 주장했을 것이다. 하지만 지금은 자신이 없었다. 연습 때마다 아이들은 동연이를 그림자나 투명인간처럼 취급했고 공을 쉽게 내주지 않았다. 처음에는 화가 났지만 시간이 지날수록 몸과 마음이 점점 움츠러들었다.

'정말 내가 축구가 뭔지 모르는 걸까, 나한테 무슨 문제가 있는 걸까?'

온갖 생각이 머릿속을 헤집고 다녔다. 때로는 그 생각이 발까지 내려와 공을 찰 수 없게 만들었다. 발이 무거웠다.

규진이가 손을 번쩍 들었다.

"저, 감독님. 그럼 후보 선수를 추천해도 될까요?"

규진이 말에 동연이가 몸을 움츠렸다. 그와 동시에 아영이가 수빈이 등 뒤로 몸을 감췄다. 아이들이 모두 아영이를 보았다.

동연이는 자신에게 관심이 집중되지 않아 마음이 놓였다. 그러나 한편으로는 시간이 날 때마다 축구 공부를 하던 아영이를 한쪽으로 밀어 놓는 것 같아 마음이 찜찜했다.

'내가 아영이였다면 어땠을까?'

동연이는 이렇게 생각하며 규진이와 아영이를 번갈아 바라보았다.

"후보 선수라, 그걸 지금 꼭 정하고 싶어?"

한층 더 느릿하게 물어보는 소크라테스 감독에게 규진이가 똑부러지게 말했다.

"그럼요, 그래야 진짜 선수들도 열심히 하죠. 저는 아영이를 추천하고 싶습니다."

소크라테스 감독은 규진이 얼굴을 한 번 보고, 하늘을 한참 쳐다보고, 다른 아이들을 둘러보았다. 동연이는 소크라테스 감독의 말과 행동이 답답했다. 차라리 아영이한테 후보 선수로 뛰는 게 어떻겠느냐고 제안하는 게 아영이와 진리 초등학교 축구단 전체를 위해서 더 나은 일이라 생각했다.

하늘을 쳐다보던 감독이 천천히 고개를 내렸다.

"과연 그래야 할까, 잘 모르겠네. 자, 이제 수업 시작할까?"

아영이는 잔뜩 풀이 죽은 채 운동장을 뛰었다. 아이들이 모두

줄지어 달릴 때까지 감독은 뛰지 않았다. 평소 같았으면 하늘을 보며 발로는 공을 차면서 가장 앞줄에서 달렸을 감독이었다.

동연이는 골대 쪽으로 걸어가기 위해 몸을 돌렸다. 그때 소크라테스 감독이 동연이를 가로막았다.

"가자."

"예?"

"가자고. 함께 뛰자."

감독은 동연이 손을 꼭 잡았다. 이제껏 다른 아이들이 운동장을 돌 때에도 동연이는 고집스럽게 골대 앞을 지켰다. 누가 뭐라 하든 상관없이 골 연습에 집중했다. 동연이는 운동장을 달리는 미련한 짓은 하고 싶지 않았다. 축구를 시작하기도 전에 몸이 지치고, 집중력을 떨어뜨리는 것 같아 싫었다.

그런데 오늘은 감독이 손을 잡았다. 동연이는 어쩔 수 없이 감독을 따라 운동장을 뛰었다. 한 바퀴를 돌고, 두 바퀴, 세 바퀴를 돌았는데 감독은 여전히 손을 놓지 않았다. 동연이는 숨을 가쁘게 몰아쉬었다.

"아, 진짜, 헉헉, 그만, 뛰어요."

감독은 피식 웃었다.

"무슨 소리야? 적어도 다섯 바퀴는 뛰어야 몸에서 땀이 나지.

그래야 축구를 해도 덜 다치거든.”

세 바퀴를 달린 동연이 입에서는 단내가 나는데, 소크라테스 감독은 고르게 숨을 쉬며 평소처럼 말했다. 심지어 콧노래까지 불렀다. 동연이가 느리게 뛰면 감독도 느리게, 빠르게 뛰면 감독도 빠르게 속도를 맞춰 뛰었다.

네 바퀴를 돌자 동연이는 더는 못 뛸 것 같았다. 가슴이 터질 것 같았고 다리에 쥐가 날 것 같았다. 동연이는 있는 힘껏 감독의 손을 뿌리쳤다.

“더 이상, 못, 해요!”

목소리가 갈라졌다.

감독은 동연이 손을 다시 잡았다.

“못 한다니까요!”

동연이는 목소리를 돋워 앙칼지게 내뱉었다.

“뛰라는 게 아니라 정글짐 위에 올라가자고.”

뛰다 말고 갑자기 정글짐 위에 올라가자니. 소크라테스 감독은 운동장 네 바퀴를 달린 사람답지 않게 날렵하게 몸을 움직여 정글짐에 올랐다. 그리고 동연이에게 어서 오라고 손짓했다. 동연이는 무거운 다리를 이끌고 정글짐 위에 천천히 올랐다. 소크라테스 감독은 정글짐 맨 위에 앉아 운동장 한가운데를 내려다

보았다. 동연이는 감독 옆에 나란히 앉았다.

"여기서 보면 잘 보이지?"

운동장 한가운데에는 다섯 바퀴를 달린 아이들이 삼삼오오 공을 주고받고 있었다. 그러다 준서가 다른 아이들이 있는 공간으로 휙 들어가 공을 가로챘다. 순식간에 축구단 아이들이 준서가 가진 공을 차지하기 위해 뛰었다.

"히야, 아영이를 좀 보렴. 정말 대단하지?"

동연이는 소크라테스 감독이 무슨 말을 하는지 알 수 없었다. 아영이라니, 공을 가장 못 차고 후보 선수로까지 추천된 아영이한테 무슨 대단한 점이 있다는 건지 궁금했다.

아영이는 병건이 옆에 있었다. 아영이는 좌우로 움직이며 병건이가 공을 제대로 보지 못하게 했다. 어쩌다 병건이가 패스를 받으면 아영이는 정말 껌딱지처럼 병건이 옆에 찰싹 달라붙어서 발을 제대로 놀릴 수 없게 했다. 그뿐 아니라 목소리는 어찌나 큰지, 정글짐 위까지 아영이가 지르는 소리가 빠짐없이 들렸다.

"저런 선수를 데리고 있는 나는 참 복이 많은 감독이야. 그렇지?"

동연이는 물끄러미 아영이를 바라보았다. 항상 아영이가 못하는 것만 눈에 보였는데 지금은 아영이가 멋지게 보였다.

정글짐에서 내려온 동연이는 골대 앞을 떠나 아이들과 함께 천천히 뛰었다. 항상 중앙선 너머 공격 위치에만 있던 동연이는 수비 위치로 내려가 다른 아이들이 뛰는 모습을 하나씩 살폈다. 중앙선 너머에서 공이 오기만 기다릴 때는 전혀 보이지 않던 것들이 차례차례 보였다.

수빈이는 몸이 재빠르고 날래며, 원준이는 드리블을 정확하게 했고, 병건이는 돌파력이 뛰어났고, 규진이는 다른 아이들하고 호흡을 잘 맞췄다. 특히 준영이의 드로잉은 깜짝 놀랄 정도였다. 공을 차는 건 잘 못해도 자기가 마음먹은 대로 던지는 능력만큼은 타고난 것 같았다. 준영이가 라인 밖에서 손으로 공을 던지면 꼭 누군가의 머리나 다리에 맞았다. 무려 세 번이나 그랬다.

"잠깐 쉴까?"

소크라테스 감독이 손뼉을 쳤다.

말이 떨어지자마자 아이들은 풀썩 주저앉았다. 동연이는 제자리에 가만히 서 있었다. 앉으면 다시 일어나기 힘들 것 같아서 선 채로 숨을 골랐다.

"마셔."

아영이가 물병을 내밀었다. 동연이는 물병을 받아 벌컥벌컥 마셨다.

"있잖아, 너는 내 희망이야."

아영이가 뜬금없이 말했다. 그 바람에 동연이는 마시던 물을 푸 하고 내뿜었다. 동연이는 입가에 묻은 물을 손등으로 쓱 문질러 닦았다.

"내가?"

"응, 넌 똑똑하잖아. 축구 규칙도 잘 알고. 나는 얼마 전에야 오프사이드가 뭔지 알았거든. 공을 어디로 차야 하는지도 너한테 배웠고. 게다가 넌 내 짝이잖아. 물론 성질은 좀 못됐지만."

동연이는 짧은 체육복을 입은 아영이를 자세히 보았다. 그냥 뛸 때는 몰랐는데 아영이 팔과 다리에는 긁힌 자국이 많았다.

무릎에 앉은 커다란 피딱지는 아무 상처 없는 동연이를 부끄럽게 했다.

그동안 동연이는 아영이한테 말을 걸지 않았다. 축구단에서 가장 축구를 못하는 아영이 때문에 경기를 해도 진다고 생각했다. 규칙도 제대로 모르면서 축구를 한답시고 함께 뛰어다니면 안 된다고 생각했다. 그런데 아영이는 자기를 희망이라고 말하다니 정말 의외였다.

동연이는 아영이가 자기한테 말을 걸었듯이, 똑같이 아영이한테 말을 걸고 싶었다. 동연이가 소크라테스 감독하고 축구 수업을 하면서 가장 궁금했던 것, 아영이는 그걸 어떻게 생각하는지 궁금했다.

"아영아, 너는 축구가 뭐라고 생각해?"

"축구? 아하, 감독님이 말씀하셨던 거? 음, 나는 정정당당하게 뛰는 거라고 생각해."

"정정당당?"

"응. 사실 나는 후보라도 좋아. 나한테 오빠가 둘 있거든. 그런데 오빠들은 내가 여자라고 축구를 할 때 한 번도 끼워 주지 않았어. 그건 옳지 않아. 나한테는 기회도 주지 않고 무조건 하지 말라니, 그런 법이 어디 있니? 공은 둥그니까 누구한테나 기회가 있다고 했어. 그래서 나는 정직하게 뛰면 꼭 기회가 올 거라고 믿어. 옳지 않은 일은 하지 않는 것, 나한테는 그게 축구야."

동연이는 고개를 떨구었다. 동연이한테 축구는 골이고 이기기 위한 '게임'일 뿐이었다. 하지만 아영이한테 축구는 옳지 않은 일을 하지 않는 정정당당한 기회였고, 재혁이한테 축구는 모두가 함께 뛰는 경기였다. 문득 수빈이와 준서, 민서, 그리고 소크라테스 감독한테 축구는 무엇일까 궁금했다. 동연이는 모두에게 물어보고 싶었다.

동연이는 소크라테스 감독이 그동안 했던 질문들을 곱씹어 보았다. 어쩌면 그 질문들에 대한 답은 다른 사람이 아닌 자신에게 가장 먼저 물어야 한다는 생각이 들었다.

"정말 축구가 뭘까?"

동연이가 중얼거리자 아영이가 싱긋 웃었다.

"나한테 묻는 건 아니지? 네 건 네가 찾아. 나도 한참 생각했거든. 내가 왜 축구를 하고 싶어 할까 고민했더니 답이 간단하게 나오더라고. 물론 시간이 지나면 또 달라질 수 있겠지. 근데 지금은 아까 그 답이 내 축구야."

아영이는 물병을 받아 벌컥벌컥 물을 들이켰.

쉬는 시간이 끝났다.

동연이는 다시 아이들과 함께 뛰었다. 이번에는 위치를 바꿔서 골키퍼 쪽에 바짝 붙어 섰다. 그러자 조금 더 확실하게 보였다. 5분이 지나자 동연이 몸이 조금씩 가벼워졌다. 골 연습만 하고 경기를 할 때는 몸이 무거웠는데, 확실히 운동장을 뛴 게 도움이 된 모양이다.

동연이는 공이 오기만을 기다리지 않고 먼저 뛰었다. 누가 공을 어떤 방향으로 보낼지 생각하고 그 방향으로 움직였다. 경기를 몇 번 해서 아이들이 어떤 방향으로 뛸지 대략 짐작할 수 있었다.

준서와 민서가 마치 한 사람이 움직이듯 공을 갖고 놀아서 조금 힘들긴 했지만 동연이는 둘 사이에 오가는 패스를 두 번 끊었다. 병건이가 공을 잡으면 아영이가 함께 따라왔고, 재혁이가 공격할 때는 원준이가 함께 왔다.

혼자서 공을 막을 때는 힘들었지만 둘이서 함께하니 훨씬 쉬웠다. 동연이는 그때 깨달았다. 다른 아이들한테 축구가 어떤 의미인지. 그러자 자기한테는 축구가 어떤 의미인지 몹시 알고 싶어졌다. 과연 슛을 하고 1등을 하는 게 진짜 축구일까, 내가 알던 축구는 그냥 이기기 위한 싸움이었던 건 아닐까. 여러 가지 의문이 동연이 마음을 사로잡았다.

삐이익!

소크라테스 감독이 호루라기를 불었다. 오늘은 아무도 공을 넣지 못했다. 하지만 동연이 편과 재혁이 편 모두 땀에 흠뻑 젖었다.

"오늘 경기 참 멋졌다. 다음에는······."

감독이 수첩을 꺼내자 아영이가 손을 번쩍 들었다.

"감독님, 제가 후보 선수로 남겠습니다."

규진이는 그것 보라는 듯 의기양양하게 어깨를 들썩였다. 재혁이와 병건이, 준서와 민서는 아무 말도 하지 않았다. 준영이는 아영이 어깨를 토닥였고 수빈이는 아영이 손을 꼭 잡았다.

동연이는 아영이가 어떻게 뛰었는지 다시 생각했다. 정글짐에서 본 아영이, 정정당당하게 뛰고 싶다는 아영이, 쉬는 시간마다 축구 규칙을 익히고, 점심시간마다 공책에 수많은 선을 그리던 아영이를 떠올렸다. 아영이가 공을 가장 못 차는 건 분명하지만 그렇다고 아영이를 후보 선수로 남게 하는 건 말이 되지 않았다.

동연이는 잠깐 망설였다. 자기가 이런 말을 할 자격이 있을까 고민했지만 이대로 가만히 있으면 자신도 아영이 기회를 뺏는 사람이 될 것 같았다. 동연이는 배에 힘을 꽉 주었다.

"말도 안 돼. 너처럼 공간을 잘 만드는 선수는 없어. 생각해 봐, 민병건. 오늘 뛰기 힘들었지? 그게 네가 못해서일까 아니면 아영이가 수비를 잘해서일까? 최재혁, 너는 중앙선을 넘어올 때 두 번 공을 놓쳤어. 두 번 다 아영이가 네 시야를 막았을 때야. 김규진, 아영이처럼 대인 마크를 잘할 수 있어? 오늘 아영이는 훌륭했어. 비록 아영이가 공을 잘 못 차긴 하지만 차차 나아질

거야. 아직 한 달이나 남았잖아."

동연이는 조목조목 따졌다. 자기 이름이 불린 아이들은 아영이를 다시 보았고 수빈이는 엄지손가락을 치켜세웠다.

규진이는 뒷머리를 긁적였다.

"아영아, 미안해."

아영이는 눈물을 글썽이며 동연이를 보았다. 동연이는 딴청을 부리며 감독을 보았다.

감독은 싱글벙글 웃으며 동연이 어깨를 손으로 짚었다. 동연이는 어깨가 간질간질해서 자꾸 꿈틀거렸다. 그렇지만 자기 어깨에 얹은 감독의 손이 따뜻하고 기분 좋았다. 그동안 동연이 마음을 무겁게 누르던 돌덩어리에 빠직 금이 가는 듯했다.

"누구든 옳다고 생각하는 일은 꿋꿋이 해야 한단다. 옳다고 생각하면서 행동하지 않는 사람은 비겁해. 옳은 일을 하는 것, 그 행동이 제대로 이루어져야 축구장이 아름다운 곳이 될 수 있어. 오늘 내가 동연이한테 하나 배웠다. 축구가 뭔지 가르쳐 줘서 고맙다, 동연아."

동연이는 소크라테스 감독이 했던 말을 하나씩 떠올렸다. 축구가 뭔지 잘 모르겠다는 말은 제대로 된 축구가 뭔지 계속 알아 가야 한다는 말처럼 느껴졌다. 진짜 제대로 된 축구, 그게 뭔지 동연이도 궁금했다.

 그 순간 동연이는 이제까지 자기가 했던 축구는 진짜가 아니라는 사실을 깨달았다.

 무조건 좋은 걸 입고 신어야 골을 잘 넣을 수 있다는 생각은 축구를 혼자서만 하게 만들었다. 혼자서 공을 차고 혼자서 연습하는 건 재미없었다. 처음에는 거슬리기만 했던 준서의 낡은 운동화도 이제는 눈에 들어오지 않았다. 그 대신 준서와 민서가 함께 만들어 가는 그물 같은 조직력이 눈에 들어왔다.

 정의롭지 못한 축구도 축구가 아니었다. 무조건 1등만 하면 된다는 축구, 옳지 않은 일을 그대로 보고만 있는 축구도 마음에 안 들었다. 새삼 병건이한테 백태클을 했던 일이 동연이를 부끄럽게 만들었다.

 동연이는 진짜 제대로 된 축구, 그걸 하고 싶었다. 될 수 있으면 지금 이 친구들과 함께 뛰면서 그 축구를 만들고 싶었다. 혼자서는 하기 힘든 축구를 축구단 아이들과, 소크라테스 감독과 함께하면 할 수 있을 것 같았다.

 "누구한테나 기회는 동등하게 줘야겠지? 규칙은 만들기 나름이야. 원래 열한 명이 뛰는 게 맞지만 서경 초등학교 감독님과 의논해서 열두 명 모두가 뛸 수도 있어. 그쪽 감독님이 열한 명만 뛰겠다고 하면 그날 너희들의 몸 상태를 봐서 후보를 고르고 싶다. 하지만 나는 모두 뛰는 게 옳다고 생각해. 축구장에서 억울한 사람이 생기면 안 되겠지? 자, 오늘 수업은 이걸로 끝!"

소크라테스 감독이 껄껄 웃었다. 긴 수염이 아래위로 찰랑찰랑 움직였다. 오늘따라 수염이 참 멋져 보였다.

동연이는 소크라테스 감독에게 꾸벅 고개를 숙였다. 축구 수업을 받으면서 처음으로 한 인사였다. 소크라테스 감독도 동연이한테 고개를 숙였다.

"오늘 큰 깨달음을 줘서 고맙다."

동연이는 한참 동안 고개를 들지 못했다. 부끄럽고 또 부끄러웠다.

눈을 똑바로 떠
• 참다운 삶이란 정정당당하고 용기 있는 삶 •

동연이는 운동장을 서성였다. 벌써 며칠째 벼르던 일인데 막상 하려니까 입이 떨어지지 않았다. 그대로 집으로 돌아갈까, 아니면 마음먹은 대로 할까, 망설이던 동연이 앞으로 축구공이 굴러왔다. 동연이는 마음을 다잡고 축구공을 몰며 아영이와 준영이한테 다가갔다. 그러고는 함께 연습하고 싶다고 말했다. 그러자 둘 다 눈을 휘둥그레 떴다.

"정말 우리랑 같이 하려고?"

아영이는 못 믿겠다는 듯 몇 번이나 물었다.

"그렇다니까, 몇 번을 물어봐?"

"넌 우리보다 공을 잘 차잖아. 난 축구단에서 가장 골칫거리고. 준영이도 못지않아."

"내가 말했지? 너는 대인 마크도 좋고 공간 장악력도 높다고. 그리고 우리 중에서 준영이만큼 드로잉을 잘하는 친구도 없었어."

잠자코 듣고 있던 준영이가 끼어들었다.

"잠깐, 너 지금 우리한테 친구라고 했냐? 매일 그 애, 저 애, 이렇게 부르더니, 내가 제대로 들었냐?"

동연이는 피식 웃었다. 사실은 그동안 미안했다고 말하고 싶었는데 입이 떨어지지 않았다. 친구라고 생각하지 않아서, 함께할 생각을 안 해서, 자기가 잘 알고 있는 규칙을 일부러 가르쳐 주지 않아서 미안했다. 그동안 축구 수업을 받으면서 아영이와 준영이가 자기보다 뛰어난 능력을 갖고 있다는 걸 알았다. 동연이는 그 능력을 배우고 싶었다.

"시간 없어. 얼른 패스 연습하자."

동연이는 공을 아영이한테 넘겼다.

아영이와 준영이는 매일 수업이 끝나면 남아서 패스 연습을 하고 있었다. 준영이는 드로잉은 수준급이었지만 아영이에 비해 발재간은 별로였다. 동연이는 제대로 된 축구를 하고 싶었고, 그러려면 아영이, 준영이와 함께 뛰어야 했다.

생각은 그럴싸했지만 그 생각을 행동으로 옮기는 데는 시간이 더 필요했다. 동연이는 머릿속으로 공을 받은 다음 상황을 그렸다. 공을 이리 보내면 저리로 패스해야 했고, 그 패스는 물 흐르듯 끊이지 않고 다른 쪽으로 가야 한다. 하지만 준영이와 아영이는 수도꼭지를 잠그듯이 흐르는 물을 뚝 끊어 버리는 재주가 탁월했다.

동연이가 아영이한테 주면 아영이는 헛발질을 했다. 겨우 공을 잡은 아영이가 다시 준영이한테 주면 준영이는 우물쭈물하느라 시간을 보냈다. 동연이는 준영이가 우물쭈물하는 사이에 공을 빼앗았고, 아영이가 뻥 찬 공을 주우러 다녔다.

동연이는 높게 뜬 공을 헤딩으로 잡고 싶었는데 늘 놓쳤다. 햇빛이 눈부시고 공은 빨랐다. 동연이는 헤딩을 놓칠 때마다 두 친구와 패스 연습을 하는 자신이 한심하게 여겨졌다.

사흘째 되던 날, 꾹 참았던 화가 폭발했다.

"야, 권아영, 잘 좀 하라고!"

그러자 아영이가 목소리를 낮춰 따졌다.

"잘했잖아. 오늘은 공을 발 안쪽으로 찼어. 헤딩 연습한다고 위로 띄워 달라고 한 건 너였어."

"그래도 이게 뭐야? 헤딩도 안 되고 공도 이상한 방향으로 휘잖아!"

아영이가 씩씩 콧김을 내뿜었다.

"뭐, 그게 다 내 탓이란 말이야? 흥, 기가 막혀서. 너랑 연습 안 해!"

아영이는 공을 뻥 찼다. 공은 팽그르르 돌아서 골대에 그대로 꽂혔다.

"잘하지도 못하면서 성질은!"

준영이가 나섰다.

"이동연, 우리가 네 졸개야? 이래라저래라 오늘은 좀 심하잖아. 패스 연습해야 하는데 헤딩 연습한다고 우긴 건 너였어. 제대로 헤딩을 못 하겠으면 못 하겠다고 해. 괜히 우리 핑계 대지 말고."

아영이와 준영이는 그동안 많이 참았다면서 동연이와 호흡이

안 맞다고 불평했다. 동연이는 혼자 돋보이는 축구를 하고 싶어 하는데 자기들은 그만큼 받쳐 줄 실력이 안 되니 함께 연습을 못 하겠다고 했다. 부족한 실력을 쌓는 것이 목표인 자기들에게 너무 많은 걸 요구하는 건 부담스럽다고도 했다.

동연이는 아영이와 준영이가 꼴 보기 싫었다. 그길로 운동장을 벗어나 무작정 뛰었다. 골목을 꺾고 횡단보도를 건너고 윗동네를 한참 뛰어 다시 횡단보도를 건너왔다. 친구들이 보기 싫어서 학교를 벗어났는데, 도로 학교 근처로 되돌아와 있었다. 동연이는 축구를 하고 싶었다. 다시 친구들과 어울리고 싶었다. 운동장으로 돌아가고 싶었지만 자존심이 허락하지 않았다.

동연이는 '골든골 스포츠'로 갔다. 우울한 기분을 달래는 데는 새로 나온 축구화를 구경하는 게 최고였다.

양씨 아저씨는 문이 열리는 걸 눈치채지 못하고 책을 읽고 있었다. 동연이는 흠흠 헛기침을 했다. 그제야 아저씨가 고개를 들

었다.

"오랜만이네. 요즘 축구 연습에 푹 빠졌다며?"

양씨 아저씨가 살갑게 물었다.

"누가 그래요?"

동연이가 불퉁하게 쏘아붙였다.

"누가 그러긴. 감독님이 그러지."

동연이는 실눈을 떴다. 동연이가 축구 연습하는 걸 아는 감독은 한 명뿐이었다.

"소크라테스 감독님이오? 그러고 보니 지난번에도 감독님이 여기 왔었죠. 감독님하고 어떻게 아세요?"

"여기 자주 오셔."

이 가게에 자주 오는 사람이라니 동연이는 믿기지 않았다. 가게에 자주 온다면 무엇이든 사야 하는데 소크라테스 감독은 항상 낡은 운동화에 운동복도 잘 갈아입지 않았다. 축구 수업을 하지 않는 날 우연히 마주쳐도 같은 옷, 같은 신발이었다. 그런 소크라테스 감독이 여기에 자주 온다니 정말 이상했다.

"감독님이 뭘 사셨는데요?"

"안 샀어."

양씨 아저씨 대답도 이상했다. 양씨 아저씨는 물건을 사는 사람들만 기억한다. 그건 누구보다 동연이가 잘 안다. 양씨 아저씨는 누가 어떤 물건을 샀는지 다 기억했고 다음에 그 사람이 다시 가게에 들르면 그 물건과 어울리는 다른 물건을 내놓았다. 양씨 아저씨가 새 물건을 설명하면, 있는 돈을 탈탈 털어서라도 사고 싶다는 마음이 들었다. 양씨 아저씨는 축구 용품을 팔기 위해 태어난 사람 같았다.

"아무것도 안 사는데 왜 와요?"

"이야기하러 오시지. 축구 이야기, 인생 이야기, 나는 그 양반이 축구 감독이 아니라 철학자인 줄 알았어."

양씨 아저씨는 점점 알 수 없는 말을 했다.

"철학자가 뭐예요?"

"인생이 뭔지, 사람이 어떻게 살아야 하는지 고민하는 사람을 철학자라고 해. 아주 오래 전에 소크라테스라는 철학자가 있었어. 처음에 감독님 이름을 들었을 때는 그 철학자가 다시 살아난 게 아닐까 생각했다니까."

양씨 아저씨답지 않았다. 동연이는 피식 웃었다.

"에이 무슨……, 말도 안 돼. 축구 감독이 무슨 철학자예요?"

그러자 양씨 아저씨가 집게손가락을 흔들었다.

"감독님 말씀으로는 인생이 모두 철학이래. 사람이 어떻게 살아야 할까 생각하는 게 바로 철학이라고 하셨어. 어떻게 해야 진짜 사는 걸까 고민하는 게 철학이라니, 참 멋지지 않니?"

동연이는 소크라테스 감독이 했던 말을 떠올렸다. 축구나 가르쳐 주지 매일 이상한 질문만 한다고 생각했는데 그게 철학이라니, 양씨 아저씨 말을 믿어야 할지 판단이 안 섰다.

"감독님 이야기를 들어 보면 참 신기해. 그런 생각을 다 어떻게 하셨냐고 물어봤더니 모든 게 다 책 속에 있다고 하시더라. 내가 열 살 때 책을 덮은 뒤로 교과서 말고는 안 봐서 말이야. 물론 교과서도 잘 안 봤지만. 그래서 감독님이랑 제대로 이야기하려고 요즘 책을 읽기 시작했어."

양씨 아저씨는 물건을 골라 보라고 하고는 다시 책을 들었다. 축구화 설명 대신 책을 읽는 아저씨가 다른 사람처럼 보였다.

동연이는 진열대에 놓인 축구화를 눈으로 훑어보았다. 부글부글 속이 끓어오를 때 축구화를 새로 사면 기분이 좋아졌는데, 지금은 축구화가 눈에 들어오지 않았다. 금색 줄무늬 운동복도 그저 그랬다. 설령 마음에 드는 물건이 있다고 해도 살 돈이 없었다. 동연이는 우울했다.

동연이는 조용히 가게를 나왔다. 동연이는 머릿속으로는 어떻게 공을 찰지 환하게 그릴 수 있었다. 하지만 정작 몸은 생각을 따라가지 못했다. 이렇게 몸과 마음이 따로 놀 때는 친구들과 함께 공을 차면 나아질 것 같았다. 아영이와 준영이가 발재간이 부족한 건 사실이지만 동연이도 머리로 아는 것만큼 축구를 잘하는 건 아니었다. 학교로 돌아가 친구들과 함께 뛰고 싶었다. 그런데 친구들한테 미안하다고 말할 용기가 나지 않았다.

동연이는 가게 앞에서 서성였다. 그때, 저만치서 소크라테스 감독이 걸어왔다. 여전히 하늘을 보고 걷던 감독은 가게 앞에 와서 동연이를 알아보았다.

"어이쿠, 동연이구나, 뭐 사러 왔니?"

"아니요, 그냥 구경 왔어요. 감독님은요?"

"어, 이 가게 사장님이랑 친구하기로 했거든. 이야기나 좀 하려고 왔지. 그런데 어디 보자……, 표정이 안 좋네. 오늘 무슨 일 있었니?"

부드러운 말씨에 동연이 가슴이 울렁거렸다. 부글부글 끓어올랐던 마음이 꿀렁꿀렁 조금씩 움직이더니 급기야 눈가에 눈물이 맺혔다.

"잘 모르겠어요. 친구들이랑 헤딩 연습을 했는데 공을 맞출 수가 없었어요. 머릿속으로는 다 알거든요. 어느 각도로 맞추면 공이 어디로 휘고, 어떻게 머리를 틀어야 하는지 다 설명할 수 있는데 몸이 말을 안 들어요."

정말 속상했다. 아영이와 준영이한테 화를 낸 게 아니라 사실 동연이는 아무리 애를 써도 몸이 따라주지 않는 자신에게 화를 낸 것이었다.

"그래서 여기로 왔어?"

"예전에는 잘 안 될 때마다 새 축구화랑 공을 샀어요. 더 좋고 비싼 걸 사면 실력이 더 나아질 거라고 생각했거든요. 용돈이 없어지고 엄마 아빠한테 혼나는 건 상관없었어요. 그런데 지금은 아니에요. 문제가 있기는 있는데, 뭐가 문제인지 잘 모르겠어요."

감독이 동연이 손을 가만히 잡았다.

"운동장으로 같이 갈까?"

동연이는 고개를 세차게 저었다. 다시 돌아간다 해도 조금 전처럼 바보 같은 헤딩을 할 것 같았다. 해도 해도 안 될 것 같은 불안함이 동연이를 못 견디게 했다.

"나는 동연이가 참 용기 있는 친구라고 생각해. 아영이의 좋은 점을 다른 친구들한테 이야기했잖아? 그런 용기는 아무나 낼 수 없어."

동연이는 소크라테스 감독이 하는 말이 뻔한 위로 같았다. 풀이 죽은 동연이 등을 감독이 톡톡 두드렸다. '기운내, 용기 잃지

마.' 하는 말이 손끝에서 동연이 등으로 전해지는 것 같았다. 동연이는 고개를 들었다.

"참다운 삶을 살기 위해서는 자신의 영혼을 스스로 돌보아야 한단다."

"무슨 뜻이에요?"

"내가 질문을 많이 하잖니. 나는 정말 알고 싶어서 묻는 건데, 다른 사람들은 내가 잘 알면서 묻는다고 생각하더라고. 참 웃기지? 나는 알고 싶어서 묻고, 다른 사람은 알고 있다고 생각하고. 시간이 지날수록 오해가 점점 쌓였어. 그래서 질문을 하지 말까 생각했지만 그러면 모르는 채로 살아야 하잖아."

동연이가 고개를 끄덕였다. 동연이가 아는 사람들 가운데 질문을 이렇게 많이 하는 사람은 소크라테스 감독과 다섯 살짜리 사촌동생 도은이뿐이다. 도은이는 시계가 왜 똑딱똑딱 움직이냐, 버스는 왜 문이 여러 개냐, 비는 왜 오느냐, 묻고 또 물었다. 책을 읽어 주면 '또, 또.' 하고 외쳤다. 도은이는 지치지 않고 물었다. 도은이가 뭔가를 물어보면 동연이는 이런저런 생각을 한참 했다. 알아듣기 쉽게 설명해 주기 위해서 답을 찾느라 그랬다.

"어른들은 감독님처럼 질문을 많이 하지 않아요. 이거 해라,

저거 해라, 시키기만 하죠. 감독님처럼 자꾸 이것저것 물어보면 어른들은 아마 짜증을 낼 걸요. 애처럼 군다고요."

"맞아. 그래서 질문을 포기할까 생각한 적도 있어. 그렇지만 진짜 축구가 뭘까, 진짜 삶이 뭘까, 나는 정말 알고 싶었거든. 어떻게 살아야 참되게 사는 걸까, 진리를 얻으려면 무엇을 해야 할까, 알고 싶은 것투성이였지. 그래서 말이다……, 그래서 나는 질문을 포기하는 건 비겁하다고 생각했단다."

"비겁해요?"

"그래. 참다운 삶을 위해서는 자신의 영혼을 스스로 돌보아야 한다고 했지? 나는 참다운 삶이란 용기 있는 삶이라고 생각해. 그러려면 가장 먼저 해야 할 일이 바로 자기 자신을 똑바로 보는 일이야."

동연이가 장난기 어린 표정으로 입을 열었다.

"거울로 보면 되잖아요."

소크라테스 감독이 너털웃음을 터뜨렸다. 지나가던 사람들 몇몇이 감독을 힐끔 바라보았다. 동연이는 자기가 한 농담이 마음에 들었다.

"그래, 거울로 보듯이 널 봐. 그러면 두려움이 보일 거야. 그걸 이겨야 진짜 용기를 얻을 수 있

어. 정정당당하고 용기 있게 살다 보면 참다운 삶은 저절로 찾아올 거야. 그리고 또 하나 기억할 게 있어."

동연이는 침을 꼴깍 삼켰다.

"뭔데요?"

"기다리는 거야. 경기에서 공을 찰 기회가 얼마나 될 것 같니? 90분을 뛰고도 1분도 공을 못 찰 경우도 많아. 하지만 그 1분이라는 기회를 제대로 살리기 위해 열심히 뛰고 다른 선수들과 호흡을 맞추는 거란다. 누구나 힘들고 어려울 때가 있지만 그걸 넘어서기 위해 노력하고 기다리는 게 중요해."

소크라테스 감독이 자기 생각을 들려주었다. 양씨 아저씨 말처럼 소크라테스 감독은 철학자 같았다. 이제까지 동연이 마음은 바닥을 제멋대로 굴러다녔다. 자기 마음에 안 들면 아빠나 엄마 말도 듣지 않고 친구들을 무시했다. 동연이는 기다리지 못하고 날려 버린 기회들을 돌아보았다. 사과할 기회, 함께할 기회를 놓치고 또다시 혼자 남은 자신이 초라하게 느껴졌다.

어떻게 용기를 얻어야 할지, 어떻게 두려움을 극복해야 할지 찾아내는 건 동연이 스스로의 몫이었다. 하지만 두려움 때문에 포기하는 비겁한 사람은 되기 싫었다. 동연이는 굴러가기만 하는 자기 마음이 날개를 달고 훨훨 날아다니기를 바랐다. 다른 친구들이 동연이 마음을 기꺼이 가슴으로 받고, 또 다른 친구들에게 건네고, 그래서 그 마음이 다시 자신에게 돌아오길 원했다.

"정말 축구가 뭘까요? 저도 잘 모르겠어요."

감독은 대답 대신 동연이 손을 잡고 걸었다. 동물병원에 있는 강아지들을 보고 치킨집에서 풍기는 고소한 냄새를 함께 맡았다. 주민센터를 지나고 학원을 지나 작은 꽃집 앞에 섰다.

"예쁘지?"

소크라테스 감독은 꽃들을 손가락으로 가리켰다. 노랗고 빨간 꽃들이 바람에 산들거렸다.

"어쩌면 저렇게 무늬가 다양한지, 참 신기해. 얼핏 보면 안 보이지만 자세히 들여다보면 꽃마다 무늬가 다 달라."

동연이가 꽃을 살폈다. 꽃잎이 겹으로 붙은 꽃, 나란히 붙은 꽃, 방울 모양, 나비 모양, 저마다 다른 무늬를 갖고 있었다.

"동연아, 축구공 무늬는 어떠니?"

동연이는 자신있게 대답했다.

"그거야 다 다르죠. 피버노바, 팀가이스트, 자블라니…… 월드컵 공인구 무늬 모르세요?"

"그런데 헤딩할 때는 어떻게 보여? 발로 찰 때는?"

"그야……."

동연이는 대답을 하다 말고 입을 다물었다. 어떤 제품에 어떤 무늬가 있는지는 자다가 물어도 다 대답할 수 있었다. 하지만 감독이 묻는 건 제품이 가진 특성이 아니었다. 동연이는 감독이 무엇을 묻는지 알 것 같았다.

"한 번도 못 봤어요. 감독님, 제가 공을 똑바로 보지 못해서 헤딩을 못 한 거군요. 그렇죠? 맞아요. 그리고 보니 저도 공을 잘 못 차요. 굴러오는 공은 실수를 많이 해요. 골 연습을 할 때도 공을 세워 놓고 했어요. 맞아요! 정말 감사해요!"

동연이는 꾸벅 인사를 하고 뒤돌아섰다.

운동장까지 한달음에 달려간 동연이는 숨을 가쁘게 몰아쉬었다. 텅텅, 아영이와 준영이는 아직 공을 차고 있었다. 아영이는 달려온 동연이를 보자 씩 웃었다.

"얘들아, 미안해!"

동연이는 고개를 숙였다. 동연이는 오랫동안 고개를 숙인 채 기다렸다. 아영이가 깔깔 웃었고 준영이가 헤헤 웃었다.

"경은 그만 고개를 들고 이리 오라."

준영이가 역사 드라마에서 임금이 말하듯 거드름을 피우며 손짓했다.

"네이, 전하!"

동연이가 간드러지게 대답하며 재빨리 뛰어갔다.

"그만 좀 웃겨. 안 그래도 기다렸어. 너 또 한 번 그렇게 삐치면 정말 혼난다."

아영이가 으름장을 놓았다.

"미안. 다시는 안 그럴게."

"알았어. 그럼 용서한다는 뜻으로 내 공을 받아!"

아영이가 공을 동연이 쪽으로 높게 찼다. 동연이는 눈을 부릅떴다. 위에서 아래로 빠르게 떨어지는 공이 제대로 보였다. 흰색과 검은 색 육각형이 무늬를 이루며 빙글빙글 돌아 내려왔다.

"간다!"

동연이는 머리를 공에 갖다 댔다. 그러면서 머릿속으로 계속 연습하고 외웠던 방향으로 머리를 틀었다. 공은 정확하게 준영이 발 앞으로 떨어졌다.

준영이는 공을 발에 대고 잠깐 머뭇거렸다. 공을 어떻게 차야 할지 망설이는 것 같았다. 동연이는 자기가 공을 차기 전에 망설이던 모습을 떠올렸다. 동연이한테 헤딩이 두려움이었다면 준영이한테는 공을 차는 게 두려움이다. 동연이는 준영이가 자기처럼 두려움을 떨쳤으면 좋겠다고 생각했다. 축구란 두려운 게 아니라 즐겁고 신 나게 함께 어울려 정정당당한 세상을 만들어가

는 것이라고 알려 주고 싶었다. 동연이는 두 손을 입가에 대고 크게 소리쳤다.

"준영아, 넌 할 수 있어. 내가 늘 잔소리했던 대로 해 봐!"

그 소리에 힘을 얻은 듯 준영이가 공을 뻥 찼다. 휙, 공이 골대 안으로 빨려 들어갔다. 준영이가 처음 넣은 골이었다.

"우아, 성공!"

동연이는 펄쩍펄쩍 뛰어 준영이를 꽉 껴안았다. 아영이도 뛰어와 함께 뭉쳤다.

"내가 오늘 떡볶이 쏜다!"

준영이가 외쳤다.

"그럼 나는 어묵 국물!"

아영이가 말했다. 동연이가 피식 웃으며 대답했다.

"너무한다. 그건 공짜잖아."

준영이가 푸하하 웃었다. 동연이는 두 친구와 함께 웃었다.

이제야 진짜 제대로 된 축구를 하는 것 같았다. 가슴이 콩콩 뛰었다.

내 패스를 받아!
•참다운 지혜는 스스로 걸장한 삶에서 온다•

 진리 초등학교 운동장에는 긴장이 감돌았다. 동연이는 아까부터 제자리에서 뛰며 몸을 풀었다. 아영이와 준영이도 마찬가지였다. 몸을 잘 풀어야 공을 찰 때 부드럽게 움직일 수 있다. 세 친구는 매일 함께 운동을 하며 호흡을 맞췄다. 아영이와 준영이는 공 차는 솜씨가 몰라보게 좋아졌다. 특히 아영이는 타고난 돌파력까지 더해 축구를 잘할 조건이 충분했다.
 "내일 서경 초등학교로 간다. 거기 감독님하고 통화했는데, 원래는 열한 명이 뛰는 거지만 이번에는 열두 명이 뛰기로 했단다. 한쪽에서 부상당한 선수나 뛰지 못하는 선수가 나오면 상대편에서도 똑같이 한 명을 빼기로 했어."

그러자 원준이가 물었다.

"헐, 그럼 퇴장당할 경우에도 상대편에서 선수를 빼요?"

수빈이가 깔깔 웃었다.

"말도 안 돼. 부상하고 퇴장하고 어떻게 같아? 퇴장은 잘못해서 받은 벌인데 그 벌을 다른 편이 같이 받을 순 없지."

"맞아, 맞아."

친구들이 수빈이 말에 맞장구를 치자 머쓱해진 원준이가 혀를 쏙 내밀었다.

"농담이야, 농담."

소크라테스 감독이 작은 수첩을 꺼냈다.

"이제 각자 무슨 역할을 맡고 싶은지 말해 보렴."

병건이가 앞으로 한 발짝 나왔다.

"그런 건 감독님이 정해 주시는 거 아니에요?"

그러자 어떤 친구들은 병건이 말이 맞다고 했고, 또 어떤 친구들은 우리가 정하는 게 좋겠다고 했다. 양쪽 입장이 팽팽해서 어느 한쪽으로 결론이 나기 힘들 정도였다. 동연이는 이미 마음을 정했으나 입을 닫고 다른 친구들이 하는 이야기를 귀 기울여 들었다.

"애들아, 오늘 자기 역할을 정하는 것도 축구를 하면서 배울 점이란다. 참다운 지혜는 스스로 결정한 일에서 얻을 수 있거든. 내가 이래라저래라 정해 주면 나도 좋고 너희도 편하겠지. 하지만 각자 하고 싶은 게 있을 거야. 처음 수업을 시작하고 두 달이 지났으니 자기가 뭘 잘하는지는 누구보다 자기 자신이 잘 알 거라고 생각해. 그렇지? 축구가 뭘까 다시 한 번 생각해 보렴."

한동안 누구 하나 입을 열지 않았다. 그러다 불쑥 주영이가 골키퍼를 하고 싶다고 했다. 동연이 편에서 골키퍼를 맡았던 현수는 주영이가 자기보다 낫다고 했다. 그러면서 주영이가 골키퍼를 못 하는 상황이 생기면 자기가 대신 할 수 있다고 보탰다. 준서와 민서는 미드필더를 맡겠다고 했다. 둘이서 허리를 맡으면 아무도 넘보지 못할 것이라며 자신 있게 말했다. 재혁이는 공격수가 되겠다고 했고, 친구들이 모두 찬성했다. 아영이는 수비형 미드필더를 하고 싶다고 조심스럽게 입을 열었다. 모두들 자기 역할을 정했다. 하지만 동연이는 여전히 입을 열지 않았다.

"자, 공격수가 한 명이구나. 우리 편에 공격수가 한 명이면 충분할까?"

그러자 아영이가 동연이를 가리켰다.

"저는 동연이가 또 한명의 공격수였으면 좋겠어요. 골 연습도 많이 했고 흐름을 잘 읽어요."

소크라테스 감독이 동연이를 보았다.

"저는 싫습니다."

아영이가 무슨 소리냐며 동연이를 툭 쳤다. 동연이는 물러서지 않았다. 동연이는 한 달 동안 친구들과 연습하면서 자기가 무엇을 가장 잘하는지 깨달았고, 그걸 하고 싶었다.

"저는 수비를 맡겠습니다. 최종 수비수가 제 할 일 같아요. 공이 어떻게 흘러가는지 잘 보고 잘 막아 보겠습니다. 그리고 끈기 있게 기다릴 겁니다."

소크라테스 감독은 수첩에 아이들 이름과 맡은 역할을 하나씩 적었다. 이름과 역할을 하나씩 부를 때마다 아이들이 씩씩하게 대답했다.

"자기가 결정한 일에 최선을 다하면 참다운 지혜를 얻을 수 있단다. 자, 수업 시작할까?"

삐익 삑, 아이들은 호루라기 소리에 맞춰 운동장을 줄지어 뛰었다. 하나둘, 하나둘, 발을 맞추고 마음을 맞추었다. 동연이는 골키퍼를 맡은 주영이와 나란히 뛰었다.

"잘 부탁한다."

"나야말로."

동연이와 주영이는 짧게 악수를 나누었다.

저녁 무렵에 동연이는 작은 플라스틱 저금통을 아빠한테 보여 주었다. 아빠는 저금통을 쓱 훑어보았다.
"뭐야?"
"다시 모을 거예요. 이번에는 진짜 제가 모아서 컴퓨터를 살 거예요."
엄마가 빙그레 웃었다. 그러나 아빠는 동연이 말을 믿지 않는 눈치였다.
"그런다고 용돈을 올려 줄 수는 없다."
아빠가 굳은 표정으로 말했다.
"알아요. 작은 만큼 오래 걸리겠죠. 그래도 괜찮아요. 지금 쓰는 컴퓨터가 낡긴 했지만 그때까진 버틸 수 있을 거예요. 저기, 아빠……."
"왜?"
"내일 서경 초등학교랑 시합해요. 나는 수비수예요. 비겁한 축구 선수가 안 되게 노력할게요."
딱딱하게 굳어 있던 아빠 얼굴이 조금씩 풀어졌다. 아빠는 한참 동안 아무 말 없이 저금통을 내려다보았다. 동연이는 아빠한테 다 말하고 싶었다. 그동안 얼마나 부끄럽게 축구를 했는지, 소크라테스 감독이 던진 질문들을 통해 무엇을 깨달았는지, 다 말하고 싶었다. 하지만 동연이는 말하지 않았다. 안다고 말하는 것보다 그것을 행동으로 보이는 게 진짜 아는 것임을 깨달았기 때문이다. 앞으로 자신이 어떤 축구를 할지, 어떻게 생활할지 직접 보여 주고 싶었다. 축구 규칙 좀 알고 좋은 축구화와 운동복을 갖고 있다고 축구를 잘한다고 뻐겼던 자신이 부끄러웠다.

아빠가 고개를 끄덕였다. 엄마는 아빠 옆에서 손가락으로 동그라미를 그렸다.

"좋다, 비겁한 축구 선수가 되지 않겠다니 맘에 든다. 그런 의미로 내가 특별 용돈 쏜다."

아빠는 지갑에서 만 원을 꺼내 저금통에 넣었다.

"특별 용돈을 주지 말라고 한 건 당신이었어요."

엄마 말에 아빠는 이번 한 번뿐이라며 너털웃음을 지었다.

"열심히 해 봐."

아빠가 동연이를 꼭 껴안았다. 동연이도 아빠를 껴안았다. 따뜻한 기운이 온몸을 감쌌다. 내일 경기는 마음먹은 대로 잘할 수 있을 것 같았다.

서경 초등학교 운동장은 둘레에 나무가 많았다. 서경 초등학교 감독이 여름이면 살구를 따 먹는다며 자랑스럽게 이야기했다. 그러자 소크라테스 감독이 많이 열리면 자기도 한 개 얻어먹고 싶다고 했다. 서경 초등학교 감독은 수염 때문에 살구를 먹기 불편하겠다고 맞받아쳤다. 소크라테스 감독은 껄껄 웃으며 수염은 고무줄로 묶으면 된다고 대답했다.

시합을 한다는 생각에 뻣뻣하게 굳었던 아이들이 피식피식 웃었다.

"나한테 고무줄 많은데, 좀 갖다 드릴까?"

아영이가 속삭이자 친구들이 키득키득 웃었다. 끝까지 당겨진 고무줄처럼 팽팽했던 긴장이 느슨하게 풀어졌다.

"얘들아, 우리는 축구를 하러 왔다. 나는 축구가 뭔지 아직 잘 모르고 어쩌면 평생 잘 모를 수도 있어."

소크라테스 감독이 첫 수업 때 했던 말과 비슷했다. 그때 동연이는 감독이 정말 이상하다고 생각했다. 축구가 뭔지 모르는 사람이 감독을 하는 게 싫었다. 하지만 지금은 달랐다. 동연이는 소크라테스 감독이 하는 한마디 한마디를 귀 기울여 들었다.

"그래도 이거 하나는 자신 있게 말할 수 있단다. 축구공은 둥글고 자존심이 무척 강해. 축구공을 이기려 들면 축구공은 어깃장을 놓더라고. 하지만 축구공이 원하는 걸 해 주면 돼. 아무도 못 볼 거라고 생각하지 말았으면 좋겠다. 심판이 못 보고 다른 선수가 못 본다 해도 축구공은 너희를 지켜보고 있어. 내 발에 닿는 축구공에 부끄럽지 않도록 열심히 뛰어 보자."

소크라테스 감독이 말을 마치자 친구들이 손뼉을 쳤다. 동연이는 축구공에 부끄럽지 않은 축구를 하고 싶었다. 아영이가 원하는 정정당당한 축구, 재혁이가 원하는 함께하는 축구, 소크라테스 감독이 알려 준 지혜와 용기, 정의를 실천하는 행복한 축구를 하나씩 이루고 싶었다.

공이 굴렀다.

시작한 지 3분 만에 아영이는 집중적으로 맡을 상대편 선수를 골랐다. 준서와 민서는 바쁘게 몸을 움직였고 규진이는 현란한 발재간을 선보였다. 수빈이는 빠른 발로 상대편 공격수가 패스

하는 공을 가로챘고 병건이는 그 공을 재혁이한테 넘겼다.

재혁이는 성큼성큼 공을 몰아 슛을 날렸다. 하지만 공은 골키퍼 손에 맞아 튕겨 나왔다. 코너킥 기회가 왔을 때 재혁이가 동연이를 불렀다.

"네가 차."

"뭐?"

"차기만 하고 다시 들어가. 너 코너킥 연습 많이 했잖아."

동연이는 머쓱해서 콧방울을 손으로 만지작거렸다. 혼자 연습했던 때가 떠올라 민망했다. 뒤돌아서서 수비 위치로 돌아가고 싶었다. 그때 소크라테스 감독이 들려주었던 기다림이라는 말이 동연이한테 힘을 불어넣었다. 오늘 경기에서 동연이 발에 공이 닿는 시간은 1분이 채 안 될 수도 있다. 하지만 그때마다 최선을 다하고 싶었다. 지금처럼 재혁이가 동연이를 믿고 기회를 주었을 때, 재혁이를 실망시키고 싶지 않았다. 동연이는 재혁이를 믿기로 했다.

동연이는 숨을 고른 다음 코너킥을 찼다. 그 공을 재혁이가 가슴으로 받아서 그대로 걷어찼다.

"골인!"

병건이가 목이 터져라 외쳤다. 아직 실감이 나지 않아 멍하게 서 있는 동연이에게 재혁이가 날듯이 뛰어와 덥석 안겼다. 쿵쾅쿵쾅, 재혁이 심장 뛰는 소리가 동연이 귀에까지 들렸다.

직접 골을 넣지 않고도 이렇게 기분이 좋을 수 있다니 상상도 못 해 본 일이었다. 친구들이 우르르 달려와 동연이와 재혁이 어깨를 두드리고 얼싸안았다. 그 순간, 동연이는 마음속을 짓누르던 돌덩이가 파사삭 깨져 모래처럼 흩어지는 걸 느꼈다.

곧이어 서경 초등학교에서 한 골을 넣었다. 최종 수비수인 동연이는 땅을 치며 그 골을 막지 못한 걸 후회했다. 주영이도 마찬가지였다. 그런데 친구들이 다가와 동연이 어깨를 툭 치고 지나갔다. 아무 말 없이 이루어진 행동이었지만 동연이는 자리에서 일어날 힘을 얻었다. 비록 한 골을 잃었지만 그 한 골 덕분에 어떻게 움직여야 하는지 더 확실하게 알 수 있었다. 다음번에는 기회를 제대로 살리고 싶었다. 운동장에서 혼자 공을 차는 게 아니라 지금처럼 친구들과 함께 뛴다면 더 신 나게 공을 찰 수 있을 것 같았다.

동연이는 주영이한테 두 주먹을 불끈 쥐어 보였다. 주영이는 큰 소리로 '아자아자'를 외치며 진리 초등학교 친구들에게 힘을 불어넣었다.

전반전이 끝나고 휴식 시간이었다. 친구들은 물을 마시며 재혁

이가 넣은 골을 이야기했다. 그 골이 있기 전에 어떤 일이 벌어졌는지 시시콜콜 이야기했다. 골대를 지키던 주영이는 골이 어떤 방향으로 휘어졌는지 땅바닥에 그림을 그려 가며 설명했다.

누군가 동연이 어깨를 툭 쳤다. 어깨에 까칠까칠한 수염이 닿았다. 동연이는 피식 웃었다.

"잘하던데? 공을 볼 줄 알아. 이제 축구가 뭔지 알겠니?"

동연이는 자신 있게 대답했다.

"네, 친구들하고 신 나게 놀면서 공으로 이야기하는 거예요."

"그래? 나는 아직 잘 모르겠던데. 너 대단하다!"

동연이는 소크라테스 감독한테 배운 축구를 평생 기억하고 싶

었다. 소크라테스 감독의 가르침은 앞으로 누군가에게 백태클을 하고 싶을 때, 누군가를 놀리고 싶을 때, 비겁하게 도망가고 싶을 때 자기를 지켜 줄 든든한 버팀목이 될 것 같았다.

서경 초등학교 감독이 호루라기를 불었다.

이제 후반전이다. 동연이는 중앙선을 넘어오는 공을 뻥 찼다.

이 경기가 끝나도 동연이가 할 일은 아직 많이 남았다. 동연이는 소크라테스 감독이 축구만 가르친 게 아니라 제대로 사는 법을 가르쳐 주었다고 느꼈다. 소크라테스 감독이 아직 축구가 뭔지 모르겠다고 했던 말처럼 동연이도 축구가 뭔지 계속 알아 가고 싶었다.

동연이는 눈을 똑바로 뜨고 공을 바라보았다.

"잘 봐, 이게 내 축구야!"

동연이는 소리를 질렀다.

"아자 아자!"

진리 초등학교 축구단 아이들이 모두 외쳤다. 동연이의 축구는 이제부터 시작이다. 동연이는 날아오는 공을 향해 펄쩍 뛰었다. 하늘 높이 뛰었다.

서양 사상의 아버지, 소크라테스는 어떤 인물일까?

철학아카데미 운영위원 조광제

1. 소크라테스의 일생

 전쟁이 끊이지 않았던 도시 국가 아테네

소크라테스는 지금으로부터 약 2500년 전 그리스의 아테네에서 태어났습니다. 정확하게 말하면 기원전 469년이었지요. 소크라테스의 아버지 소프로니코스는 돌로 집을 짓거나 조각을 하는 석공이었어요. 소크라테스도 어린 시절에는 아버지를 따라 석공으로 일한 것으로 짐작돼요. 어머니 파이나레테는 아기 받는 일을 하는 산파였어요. 주로 이웃에 사는 부인들의 아기를 받아 주었는데 인내심이 많고 솜씨가 훌륭해 평판이 아주 좋았다고 합니다.

소크라테스의 고향 그리스의 아테네는 작은 도시 국가였지만 상당히 강한 나라였습니다. 그리스와 지금의 터키 지방인 이오니아 사이에는 에게 해가 푸른빛을 띠면서 아름답게 펼쳐져 있어요. 아테네는 에게 해의 여러 섬나라와 이오니아 해변 지역에 많은 식민지를 거느리고 있었지요.

소크라테스가 살던 당시 아테네는 계속되는 전쟁에 시달리고 있었어요. 아테네 동쪽에 있는 페르시아 제국과 수십 년에 걸쳐 전쟁을 했고요. 소크라테스가 태어나기 약 10년 전에는 페르시아 군이 아테네에 상륙하여 도시 중심에 있는 아크로폴리스 언덕의 건물들을 불태워 버리기도 했습니다. 그러다 페르시아와의 휴전이 이루어지고 아테네에 잠시 평화로운 시기가 찾아왔는데, 이때 페리클레스(Pericles, 기원전 495-429년)라는 위대한 정치가가 등장해 좋은 일을 많이 했답니다.

페리클레스는 아테네의 귀족 정치를 없애고 세계 최초로 민주 정치를 실현했으며, 정치뿐 아니라 문화와 예술도 대단히 높은 수준으로 끌어올렸어요. 페리클레스의 대표적인 업적이 파르테논 신전을 건립한 것인데, 이 신전을 세울 때 젊은 소크라테스도 아버지를 따라 석공으로 일한 것으로 추측돼요.

그러나 페리클레스가 죽은 뒤 아테네는 이웃 나라인 스파르타와 그리스 전역의 패권을 놓고 전쟁을 하게 됩니다. 스파르타를 중심으로 한 펠레폰네소스 동맹국들과 아테네를 중심으로 한 델로스 동맹국들 사이의 거의 30년에 걸친 기나긴 전쟁이었지요. 이 전쟁을 펠레폰네소스 전쟁이라고 해요. 어른이 된 소크라테스도 병사로서 이 전쟁에 참여해 싸웠어요. 소크라테스가 전쟁에 참여한 세월은 자그마치 20년이나 된다고 합니다.

그러니까 소크라테스가 살았던 아테네는 정치적으로나 경제적으로 그리고 문화적으로 크게 융성했으면서도 늘 복잡하고 말썽이 많았던 셈이에요. 이런 시기에는 상황이 언제 어떻게 변할지 모른다는 불안감 때문에 너도나도 자신의 이익만 챙기려는 성향을 보이지요.

그러다 보면 무엇이 참되고 올바르며, 무엇이 정말 좋은 것인지 잘 생각하지 못하게 돼요. 그래서 당시에는 스스로를 현인이라고 하면서도 실제로는 잘난 체하면서 남을 속여 이익을 얻는 사람들도 많았어요. 이런 사람들을 '소피스트'라고 해요. 소피스트라는 말의 원래 뜻은 '현인'이랍니다. 이런 혼란스러운 아테네에서 정치가를 비롯한 많은 사람에게 가장 뛰어나고 위대한 스승으로서 크게 존경 받은 인물이 바로 소크라테스였어요.

 소크라테스의 스승은 누구일까?

소크라테스가 어떤 교육을 받아 그렇게 뛰어난 실천적 철학자가 되었는지는 알려진 바가 별로 없어요. 그러나 중요한 지혜를 스스로 깨우친 것만은 확실하지요. 또한 소크라테스는 어렸을 때 부모님에게 좋은 교육을 받은 것으로 추측돼요. 이를테면 석공인 아버지로부터는 '돌사자를 조각하기 위해서는 돌 속에 들어 있는 사자를 미리 보아야 하고, 그런 뒤 돌을 쪼아 그 사자를 풀어 주어야 한다.'라는 말을, 산파였던 어머니로부터는 '어머니 뱃속에 있는 아기는 세상으로 나오기 위해 안간힘을 쓴단다. 산파는 아기가 잘 나올 수 있도록 도와주기만 하면 되는 거야.'와 같은 좋은 말을 많이 들었을 거예요.

나중에 소크라테스가 그 유명한 '산파술에 의한 대화법'을 통해 가르침을 전할 수 있었던 건 바로 부모님의 교육 때문이었다고 짐작한답니다. '산파술에 의한 대화법'이란 사람들이 몰랐던 진리를 가르치는 것이 아니라, 이미 알고 있는, 마음속에 숨겨져 있는 진리를 끄집어내 주는 교육 방법이에요. 말하자면 주입식 교육이 아니라, 스스로 깨달을 수 있도록 유도하는 그야말로 자기주도 학습이었지요.

젊은 시절 소크라테스는 전문적인 일을 하는 주변 사람들을 찾아가 자신이 궁금했던 것을 물어 스스로 진리를 깨우쳤어요. 사실 아테네는 그 당시 최고의 국제도시였어요. 여러 나라에서 이름을 떨치던 학자나 기술자들은 모두 아테네로 모여들어 그들의 기량을 뽐냈지요. 평소 호기심이 많고 특히 사람에 대해 관심이 많았던 젊은 소크라테스에게 이보다 더 좋은 학습 현장은 없었을 거예요.

굳은 의지와 남다른 집중력

소크라테스의 관심은 '매 순간 어떻게 행동하면 가장 잘 행동하는 것인가' 하는 것이었어요. 소크라테스는 남들이 믿는 신과는 다른

'다이몬'이라는 기묘한 신을 숭배했어요. 소크라테스가 볼 때 이 신은 그야말로 오로지 선하기만 한 신이었어요. 그래서 소크라테스는 신을 제대로 믿는 사람이라면 심지어 목숨을 잃는 한이 있어도 선한 행동을 하지 않으면 안 된다고 생각했습니다.

소크라테스가 한 말 중 가장 유명한 말은 여러분들도 아마 잘 알 거예요. 바로 '너 자신을 알라!'라는 말이에요. 그런데 사실 이 말은 '다이몬'이라는 신이 소크라테스에게 내린 계시라고 알려져 있어요. 소크라테스의 주변 사람들은 소크라테스가 종종 신들린 상태가 된다고 여겼는데, 그것은 소크라테스에게 어떤 문제를 생각할 때 너무 골똘히, 깊이 있게 생각하는 버릇이 있었기 때문이에요.

예를 들어 소크라테스는 전쟁에 나가 종일 싸운 뒤에도 저녁때 다른 전우들과 함께 식사를 하지 않고 따로 먼 곳에 나가 다음 날 아침이 될 때까지 꼼짝도 않고 서 있는 경우가 많았다고 합니다. 소크라테스가 당시 어느 누구보다 깊이 있고 뛰어난 논리를 구사하는 현인으로 남을 수 있었던 것은 바로 이런 면모 때문이었겠지요.

 뛰어난 통찰력과 끈질긴 실천력

언제 어디서든 소크라테스 주변에는 사람들이 많이 모였어요. 그들끼리 여러모로 의견을 주고받다가 소크라테스가 나타나면 '어이쿠,

또 저 친구에게 걸려들었구먼.' 하는 식이었지요. 그만큼 소크라테스는 논리적으로 빈틈이 없었어요. 특히 소크라테스는 여러 경우를 순식간에 비교해 서로 다른 측면을 끄집어내는 데 천재였어요.

예를 들어, 인간은 고통 앞에서는 대체로 용감한데 쾌락의 유혹에는 의외로 용감하지 못해서 쉽게 굴한다고 지적한 뒤, 진정한 용기란 무엇인지 생각해 보자는 제안을 내놓는 식이지요.

하지만 소크라테스에게 있어서 이보다 더 뛰어난 능력은 사람들이 무엇을, 어떻게, 왜 걱정하는지 순식간에 파악하는 능력이었어요. 그 바탕에는 사람들의 삶을 진정으로 아끼고 사랑하는 소크라테스의 마음이 있었지요. 그렇기 때문에 소크라테스는 무엇이 옳은 일인지를 누구보다 정확히 판단할 수 있었던 것입니다.

게다가 소크라테스는 자신이 옳다고 생각하는 일은 목숨이 위험해진다 해도 끝까지 실행하는 강하고 끈질긴 실천력을 지니고 있었어요. 결코 물러서지 않는 이러한 태도 때문에 여러 번 목숨을 잃을 뻔하기도 했고 결국에는 자신이 사랑해 마지않는 아테네 사람들의 판결에 의해 사형을 당하게 되지만 말이에요.

 혼란한 아테네 정세가 낳은 인류의 스승

소크라테스의 제자들 중에는 정치인과 군인이 많았어요. 그리고 그중에는 자신의 이익을 위해 소크라테스를 이용하려 했던 사람들도 있었지요. 대표적으로 소크라테스의 가장 훌륭한 제자였던 플라톤의 주변 인물들이 있는데, 플라톤의 삼촌 카르미데스와 플라톤의 어머니와 사촌지간인 크리티아스를 들 수 있습니다. 이 사람들은 결국 스파르타가 아테네를 점령하고 아테네 사람 30인을 내세워 식민지 공포 정치를 시행할 때 그 '30인'에 속해 있었어요.

한번은 이 '30인'이 소크라테스를 불러 죄도 없는 사람을 잡아 오라고 명령했어요. 소크라테스는 그 명령을 어기고 그냥 집으로 가 버렸지요. 목숨이 위태로울 걸 알면서도 결코 옳은 일이 아니라고 생각했기 때문에 명령을 어긴 거예요. 그런데도 그때 소크라테스가 죽지 않은 것은 '30인의 주동'이라 할 수 있는 테라메네스의 목숨을 건 보호 덕분이었습니다.

그만큼 소크라테스는 많은 사람들에게 존경을 받았어요. 하지만 소크라테스를 보호해 주었던 테라메네스는 한때 소크라테스에게 가르침을 받은 적이 있는 크리티아스에 의해 죽게 돼요. 제자가 스승을 살린 자를 죽인 셈이에요. 아찔하면서도 기묘한 사건이지요.

그 뒤 아테네가 스파르타로부터 해방되고 민주 정치가 복원되었지만, 혼란한 틈을 타 출세를 하고자 했던 사람들의 모함 때문에 소크라테스는 결국 사형을 당해요. 그들의 모함에는 소크라테스가 '30인 공포 정치'에 가담했다는 것도 들어 있었어요.

어려운 말로 '난세가 영웅을 낳는다'라는 말이 있지요. 결국 아테네라고 하는 복잡하기 이를 데 없는 정세가 소크라테스라고 하는 위대한 인류의 스승을 낳은 것입니다.

2. 소크라테스의 사상

소크라테스는 고대 그리스의 대표적인 철학자이지만, 직접 저서를 남기지 않았기 때문에 소크라테스의 고유 사상을 파악하는 게 쉽지는 않아요. 그래서 소크라테스의 학설은 제자들이 남긴 기록을 통해 짐작될 뿐이에요. 하지만 고대 그리스 철학이 소크라테스 이전과 이후로 나뉠 정도로 소크라테스와 소크라테스의 사상이 서양 철학사에서 갖는 위치는 특별해요.

소크라테스는 특히 '아는 것과 행동의 일치', '문답을 통한 깨달음', '이성에서 비롯된 지혜'를 중요하게 생각했어요.

 아는 것과 행하는 것은 일치해야 한다

소크라테스가 서양 역사에서 인류 최고의 스승으로 꼽히는 이유는 무엇일까요? 그것은 무엇보다 목숨을 바쳐서라도 올바른 일을 실행했던 소크라테스의 굳은 의지 때문입니다. 그리고 그에 못지않게 중요한 것이 있어요. '과연 올바른 것이 무엇인가'를 고민할 때 선입견이나 관습에 얽매이지 않고 오로지 '이성의 힘'으로만 결정해야 한다고 주장한 점이에요.

그렇다면 소크라테스가 말하는 이성은 무엇일까요? 그것은 언제 어디서나 누구에게나 올바른 것을 찾을 수 있는 힘이에요. 언제 어디서나 누구에게나 올바르고 선한 것, 그리고 이 올바르고 선한 것을 알고 행할 수 있는 이성의 지혜, 소크라테스는 목숨을 바치면서까지 그 지혜를 발휘해 올바르고 선한 것을 지켰던 것입니다.

흔히 소크라테스의 사상을 '지행합일'이라고 해요. 이것은 알고 있는 것과 행동이 같아야 한다는 주장이에요. 이 주장은 선이 무엇이고 악이 무엇인지를 제대로 알게 되면, 저절로 악을 멀리하고 선을 행하게 된다는 뜻이에요. 착한 일인 줄 알면서도 행하지 않는 것은 잘못이라는 거죠. 누구든지 악을 행하는 것은 잘 모르기 때문이라고 소크라테스는 주장했어요. 그래서 '무지는 악이다'라는 유명한 말을 남겼지요. 이러한 주장이 무서운 것은 참다운 인간이 되기 위해서는 올바르고 선한 것이 무엇인가를 알기 위해 목숨을 바치면서까지 끊임없이 노력해야 한다는 뜻이기 때문입니다.

 대화를 통한 깨달음

그런데 무엇이 올바르고 선한 것인지 알기 위해 노력한다는 건 결코 쉬운 일이 아니에요. 무엇을 어떻게 누구에게 배워야 하는지가 고민이지요. 이에 소크라테스가 제안하는 것이 바로 '대화'입니다. 어떤 일이든 이미 다 알고 있다고 생각해서는 안 돼요. 쉽게 말해서 단정을 해서는 안 된다는 뜻이에요. 그래서 '너 자신을 알라!'라는 말이 중요해요.

나 자신을 알기 위해서는 다른 사람들을 거울삼아 나를 비춰 보아야 합니다. 그러려면 남들과 끊임없이 대화해야 해요. 대화를 하다 보면 앞뒤 말이 맞지 않은 경우가 있기 마련인데, 이를 통해 오히려 교훈을 얻을 수 있다는 것이 소크라테스의 가르침이에요. 각기 다른 처지에 있는 사람들과 대화를 하다 보면, 각자가 자기 나름의 이익에만 사로잡혀 있음을 알 수 있어요. 다른 사람들의 그런 모습을 거울삼아 나 자신도 나의 이익에 사로잡혀 있음을 깨닫게 되고, 나아가 내가 올바르고 선한 행동을 하지 못했음을 깨닫고 반성을 하게 되는 거예요.

이런 대화의 과정을 수없이 거치다 보면 결국 어떻게 될까요? 나에게 좋다고 해서 반드시 올바르고 좋은 행동이 아니고, 모두에게 좋아야만 올바르고 좋은 행동이 된다는 것을 깨닫게 돼요. 모두에게 올바르고 좋은 것이 무엇인지 알고 그 앎에 따라 행동하는 것, 그것이 바로 소크라테스가 우리에게 가르치려는 이성의 지혜예요.

소크라테스가 말하는 이성의 지혜는 개개인이 좋고 올바른 삶을 사는 데도 큰 힘이 되고, 나아가 가족이나 사회 그리고 국가가 살기 좋고 올바르게 되는 데도 큰 도움이 됩니다. 그런 까닭에 모든 인류가 소크라테스를 존경하고 소크라테스를 최고의 철학자로 평가하는 것입니다.

의지와 욕망을 다스리는 이성의 지혜

　소크라테스의 가르침은 젊은 제자 플라톤에게 가장 큰 영향을 미쳤어요. 플라톤은 소크라테스보다 나이가 무려 마흔두 살이나 어렸지만 정말 뛰어난 제자였어요. 플라톤이 20대였을 때 소크라테스가 60대였으니, 플라톤이 가르침을 받을 때 소크라테스는 그야말로 최고의 현인이었던 거죠.

　사실 우리가 알고 있는 소크라테스의 사상은 대부분 플라톤이 쓴 글을 통해 전해진 거예요. 소크라테스의 대화식 가르침에 크게 영향을 받은 플라톤은 모든 글을 연극 대본처럼 썼어요. 그래서 '플라톤의 대화편'이라고 흔히 말하지요. 플라톤은 30권이 넘는 대화편을 쓴, 대단한 철학자이자 저술가예요. 20세기 초의 유명한 철학자 화이트헤드는 서양 철학의 역사는 플라톤 철학에 대한 해설에 불과하다고 했는데, 그 정도로 플라톤은 서양 철학에 많은 영향을 미쳤어요. 그리고 플라톤에게 가장 많은 영향을 미친 사람은 소크라테스입니다.

　그런데 한 가지 문제가 있어요. 플라톤의 책을 통해 소크라테스의 사상이 알려지다 보니 소크라테스의 사상과 플라톤의 사상을 구분할 수 없는 경우가 많다는 거예요. 그러나 너무나도 뛰어난 이 스승과 제자가 공통적으로 가장 안타까워했던 것은 사람들이 부와 권력을 위해 수단과 방법을 가리지 않고 이기적인 감정과 본능 그리고 욕

망에 따라 행동한다는 점이었어요. 그렇게 되면, 어떻게 될까요? 힘 센 사람들이 약한 사람들을 마음대로 부려 먹고 마음대로 약탈하는 무서운 세상이 되고 말겠지요.

그래서 플라톤은 스승 소크라테스의 가르침에 따라 이러한 세상을 바꿀 수 있는 것은 오로지 이성밖에 없다고 생각했어요. 그러한 생각에서 비롯된 것이 바로 플라톤의 '이데아 사상'이에요. 이데아는 가장 좋은 것을 가리키는 말이에요. 예를 들어, 가장 좋은 책상은 책상의 이데아이고, 가장 좋은 책은 책의 이데아예요. 가장 좋은 행동은 행동의 이데아가 되겠지요.

우리는 모두 가장 좋은 것을 바랍니다. 소크라테스의 가르침에 따라 플라톤은 가장 좋은 사람은 자신의 이성으로 자신의 의지와 욕망을 잘 다스리는 사람이라고 했어요. 플라톤은 이를 위해서 지혜, 용기, 절제, 정의라고 하는 네 가지 덕을 갖추어야 한다고 가르쳤는데, 그중에서도 가장 중요한 덕은 지혜라고 했습니다. 지혜를 사랑하는 자를 일컬어 철학자라고 했던 거예요. 그래서 플라톤은 가장 좋은 국가를 만들기 위해서는 가장 높고 깊은 지혜를 갖춘 철학자가 국가를 통치해야 한다고 주장하기도 했답니다.

3. 소크라테스의 사상에서 배울 점

철학의 아버지 소크라테스는 모두가 함께 조화를 이루며 잘 살 수 있는 길을 우리에게 가르쳐 주었습니다. 여러분들은 어떤가요? 학교나 동네 친구들이 다 함께 본받을 수 있는 올바르고 좋은 행동을 하려고 노력하고 있나요?

좋은 일이 일어나면 그것이 왜 좋은 일인지, 어떻게 그런 좋은 일이 일어났는지 골똘히 생각해 보아야 해요. 또 반대로 나쁜 일이 일어나면 그것이 왜 나쁜지, 왜 그런 나쁜 일이 일어났는지를 골똘히 생각해 보아야 합니다.

그러고는 어떻게 해야 할까요? 서로 묻고 답하면서 대화를 나누어 좋은 일은 더 많이 일어나고 나쁜 일은 더 이상 일어나지 않도록 해야 한다고 소크라테스는 말합니다. 부모님과도 대화를 하고, 선생님과도 대화를 하고, 친구들과도 대화를 많이 해야 합니다.

다만, 대화를 나눌 때 짜증을 내거나 화를 내서는 안 되겠지요. 다른 사람이 하는 이야기를 귀담아 들을 수 있어야 해요. 그리고 잘 이해가 안 되는 부분이 있으면 차분하게 묻고, 이해가 되지 않았던 이유도 정확히 말하면 더 좋겠지요.

그런 다음에는 어떻게 해야 할까요? 소크라테스는 '모든 사람들이 올바르고 좋다고 말할 수 있는 것이 과연 무엇일까'를 잘 생각해야 한다고 말했습니다. 그리고 그 해답을 찾기 위해서는 무엇보다 이성에 의한 이치를 잘 따져야 한다고 했습니다.

이성에 의한 이치를 그리스 말로 '로고스'라고 합니다. '대화'라는 말은 본래 두 사람이 로고스를 주고받는 것을 뜻해요. 우리가 학교에서 공부를 하는 것도 다 로고스 즉 이성에 의한 이치를 제대로 깨닫기 위해서입니다. 이렇게 깊이 생각하는 습관을 지닌 사람이 많아지면 많아질수록 우리가 사는 나라는 더 좋은 나라가 될 테니까요.

정말로 좋은 나라는 어떤 나라일까요? 바로 모두가 행복하게 잘 사는 나라예요. 우리 모두 소크라테스 선생님의 가르침대로 '과연 정말로 올바르고 좋은 것이 무엇인가'를 늘 생각하도록 노력해요.

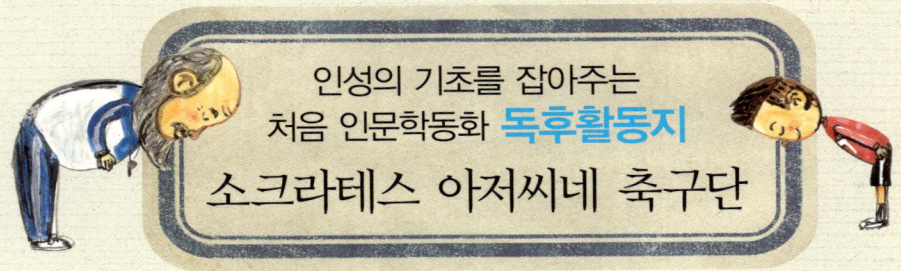

인성의 기초를 잡아주는 처음 인문학동화 독후활동지
소크라테스 아저씨네 축구단

구성 강승임 이을교육연구소 소장

인성의 기초를 잡아주는 처음 인문학동화 독후활동지,
인성 발달에 어떤 도움이 될까?

사람이 사람답게 사는 방법을 연구하는 학문이 인문학이라면, 인문학은 이제 막 인격이 형성되어 가는 어린이들에게 가장 필요한 학문일 것입니다. 인문학의 근본은 남을 이해하고 배려하는 마음, 바로 '바른 인성'을 키우는 것에 있으니까요.
인성의 기초를 잡아주는 처음 인문학동화 독후활동지를 한 문제 한 문제 풀어 가다 보면 어린이들이 살아가면서 맞닥뜨릴 많은 문제들을 스스로 판단하고 해결할 수 있는 힘, 즉 바른 인성을 바탕으로 한 생각의 힘을 기를 수 있을 것입니다. 그뿐 아니라 비판적인 글쓰기는 자신의 생각을 올바르게 표현하는 방법을 익히는 데에 좋은 연습이 됩니다.

〈인성의 기초를 잡아주는 처음 인문학동화 독후활동지〉는 이렇게 구성돼요.

I. 기초 인성 기르기 동화 내용의 이해

동화 각 장의 소제목이기도 한 소크라테스의 가르침들을 점검해 보고, 동화 속에는 그 내용들이 어떻게 적용되었는지 적어 보면서 바른 인성을 키웁니다.

II. 인성 다지기 이해와 비판

동화를 통해 익힌 인문학적 덕목들을 친구들과 토론해 보고 글로 써 보며 생각을 넓히고, 동화 속에서 느낀 점을 자신의 경험과 맞물려 표현하는 능력을 키웁니다.

III. 인문학 인물 탐구 – 소크라테스

부록의 내용을 바탕으로 소크라테스의 삶과 사상을 이해하고, 나아가 소크라테스의 사상이 현대 사회에 어떤 도움이 되는지 적어 보며 논리적 사고를 키웁니다.

부모님·선생님용 도움말

교과연계	
〈3학년 2학기 국어〉 3. 함께 사는 세상	원인과 결과가 드러나게 말하고, 알맞은 낱말을 사용하여 글을 쓸 수 있다.
〈4학년 1학기 국어〉 3. 이 생각 저 생각	서로 다른 의견을 비교하며 자신의 생각과 느낌을 이야기할 수 있다.
〈5학년 1학기 국어〉 6. 깊이 있는 생각	생각의 근거를 마련하는 방법을 익혀 찬성하거나 반대하는 글을 쓸 수 있다.
〈5학년 도덕〉 3. 갈등을 대화로 풀어 가는 삶	도덕적 갈등의 원인과 대화의 중요성을 알고 대화를 통해 갈등을 평화적으로 해결할 수 있다.
〈6학년 도덕〉 8. 공정한 생활	서로를 존중하고 정당하게 대하며 공정한 사회를 만들기 위해 노력할 수 있다.

I. 기초 인성 기르기 동화 내용의 이해

《소크라테스 아저씨네 축구단》 본문에는 각 장마다 어린이 여러분께 전하고자 하는 소크라테스의 교훈을 소제목으로도 적어 두었어요. 동화 내용을 다시 한 번 떠올려 보며 각 장의 교훈과 관련된 아래 질문들에 답해 보세요. 적는 동안 자연스럽게 어린이 여러분들 마음속에도 인문학적 바른 인성이 차곡차곡 쌓일 거예요.

○ 교과연계 ○
〈3학년 2학기 국어〉
3. 함께 사는 세상

1. 축구 수업 첫날, 동연이는 왜 소크라테스 감독이 마음에 들지 않았나요?

_____
_____
_____
_____
_____
_____
_____
_____

2. 축구화와 축구공을 새로 산 동연이에게 소크라테스 감독은 '축구는 자신의 한계를 인정하는 것'이라고 말합니다. 왜 이런 말을 한 걸까요?

_____
_____
_____
_____
_____
_____
_____
_____

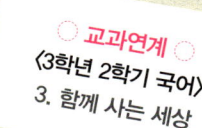

3. 연습 경기에서 동연이네 편이 지고 맙니다. 패배 이유에 대해 동연이와 소크라테스 감독은 각각 어떻게 생각했는지 비교해 보세요.

4. 동연이가 골을 넣었음에도 불구하고 친구들은 왜 축하해 주지 않았을까요?

교과연계
〈3학년 2학기 국어〉
3. 함께 사는 세상

5. 동연이는 소크라테스 감독과 정글짐 위로 올라가 친구들이 연습하는 걸 내려다보았어요. 그 후 행동이나 태도가 어떻게 달라졌나요?

_____
_____
_____
_____
_____
_____
_____

6. 동연이는 어떻게 해서 헤딩에 성공할 수 있었나요? 소크라테스 감독의 어떤 말을 듣고 자신의 문제를 깨닫게 되었는지 말해 보세요.

_____
_____
_____
_____
_____
_____
_____
_____
_____

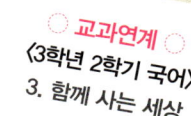

7. 동연이가 소크라테스 감독에게 배운 교훈은 무엇인가요? 동화 각 장의 소제목을 참고하여 정리해 보세요.

II. 인성 다지기 이해와 비판

> 교과연계
> 〈4학년 1학기 국어〉
> 3. 이 생각 저 생각

앞에서 살펴본 동화 내용을 바탕으로 사고를 확장시켜 볼 거예요. 아래 문제들을 친구들과 함께 토론해 보세요. 나와는 다른 다양한 입장과 해결 방안이 있다는 걸 깨닫게 될 거예요. 또한 동화를 읽고 느낀 점을 자신의 경험과 연결하여 글로 써 보세요. 나를 더 잘 표현할 수 있는 좋은 연습이 될 거예요.

1. 다음은 축구에 대해 동화 속 인물들이 내린 정의입니다. 누구의 어떤 말에 가장 공감이 되는지 이유와 함께 말해 보세요.

   a. 축구공을 발로 차는 운동이다. (재혁)
   b. 좋은 축구화를 신고 자기 공으로 경기하는 것이다. (동연)
   c. 자신의 한계를 인정하는 것이다. (소크라테스)
   d. 골만 잘 넣으면 된다. (동연)
   e. 정정당당하게 뛰는 것이다. (아영)
   f. 혼자만 잘한다고 되는 것이 아니라 모두 함께하는 것이다. (재혁)
   g. 신 나게 놀면서 다른 사람과 공으로 이야기하는 것이다. (동연)

2. 동연이는 처음에 축구에서 골을 넣는 것이 가장 중요하다고 했습니다. 세상이 1등만 기억한다고 생각했기 때문이지요. 이처럼 결과 중심의 사회에 대해 어떻게 생각하는지 찬반 입장을 정해 토론해 보세요.

   _____
   _____
   _____
   _____
   _____

> 교과연계
> 〈5학년 1학기 국어〉
> 6. 깊이 있는 생각

3. 소크라테스 감독처럼 지식을 일일이 가르치는 것이 아니라 질문을 통해 스스로 깨닫게 하는 교육 방식에 대해 어떻게 생각하나요? 자신이 생각하는 좋은 교육법, 또는 내가 원하는 선생님에 대해 써 보세요.

_____
_____
_____
_____
_____
_____
_____
_____

4. '어떻게 살아야 하는가'는 매우 중요하고도 어려운 질문입니다. 자기 자신에게 이 질문을 던져 보고 각자 생각하는 답변을 적어 보세요.

_____
_____
_____
_____
_____
_____
_____

Ⅲ. 인문학 인물 탐구 – 소크라테스

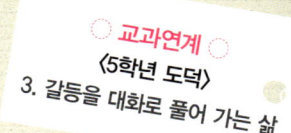

동화를 읽고 '소크라테스 아저씨는 어떤 분일까?' 하는 궁금증이 생겼나요? 이제 부록 페이지에 소개된 소크라테스 아저씨의 삶과 사상을 복습해 볼 거예요. 부록을 꼼꼼히 읽고 문제를 풀어 보세요. 그리고 2500년 전에 살았던 소크라테스의 사상이 우리가 살고 있는 현대 사회에 어떤 도움이 될 수 있을지도 생각해 봐요.

1. 소크라테스의 부모님은 어떤 분들이었나요? 소크라테스는 부모님께 어떤 가르침을 받았을까요?

   _____
   _____
   _____
   _____
   _____
   _____
   _____

2. 소크라테스가 궁극적인 진리나 절대적인 선에 관심을 갖게 된 배경은 무엇일까요? 당시 아테네의 상황과 관련지어 생각해 보세요.

   _____
   _____
   _____
   _____
   _____
   _____
   _____

○ 교과연계 ○
〈6학년 도덕〉
8. 공정한 생활

3. 소크라테스는 어째서 사람들에게 진리를 직접 가르치지 않고 대화를 통해 스스로 깨닫도록 했을까요?

_____
_____
_____
_____
_____
_____
_____

4. 소크라테스와 플라톤은 '가장 좋은 것'은 '모두에게 좋은 것'이라고 생각했습니다. 이러한 생각이 가진 문제점은 없을까요? 소크라테스와 플라톤의 이데아 사상에 대해 판단해 보세요.

_____
_____
_____
_____
_____
_____
_____

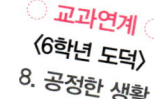

5. 가장 좋은 것, 모두에게 이로운 것에 대해 항상 고민했던 소크라테스가 되어 다음 둘 중 한 명을 골라 충고하는 편지를 써 보세요.

*수단과 방법을 가리지 않고 100점을 맞으려는 학생
*악성 댓글로 큰 상처를 받아 목숨을 끊으려는 연예인

부모님·선생님용 도움말

I. 기초 인성 기르기 동화 내용의 이해

1. 동연이는 축구 수업에서 자신의 멋진 축구화를 과시하고 실력을 맘껏 뽐내고 싶었는데, 소크라테스 감독은 동연이의 축구화나 실력에는 관심이 없고 '축구가 뭐냐'는 엉뚱한 질문만 했기 때문이다. 또 소크라테스 감독의 허름한 옷차림이 마음에 들지 않았기 때문이다.

2. 동연이는 축구화와 축구공이 좋으면 축구를 잘할 수 있다고 생각해서 틈만 나면 새 축구화와 축구공을 사는데, 이것은 축구를 잘하는 것과는 직접적인 관련이 없는 비본질적인 것들이기 때문이다. 새 축구화나 축구공에 집착하다 보면 정작 축구에 대한 자신의 소질을 객관적으로 파악하기 어렵고, 축구가 무엇이고 어떻게 해야 잘할 수 있는지 정확한 판단을 내리기도 어렵다. 소크라테스 감독은 동연이가 축구화나 축구공보다 축구 자체에 관심을 갖고 좀 더 진지하게 탐구해 보기를 바라는 마음에서 이런 말을 했을 것이다.

3. 동연이는 같은 편 선수들의 실력이 떨어지는 데다 자기에게 패스를 하지 않아 골을 넣을 기회를 얻지 못했기 때문에 졌다고 생각한다. 이에 대해 소크라테스 감독은 자기만 생각하는 이기적인 축구, 남 탓만 하는 정의롭지 못한 축구를 한 것이 패배 요인임을 지적한다.

4. 상대편 선수를 밀치고 태클을 거는 등 정정당당하지 않은 방법, 자신을 속이고 남을 방해하는 방법으로 골을 넣었기 때문이다. 이는 덕이 없는 행동으로 비겁한 짓이다.

5. 정글짐 위에서 동연이는 친구들의 움직임을 자세히 볼 수 있었다. 어느 누구도 가만히 있지 않고 각자 위치에서 최선을 다해 실력을 발휘하고 있었다. 이를 본 동연이는 친구들을 무시하고 혼자만 잘하려던 태도에서 벗어나 조금씩 협력하고 함께하는 축구를 하게 되었다. 그리고 진짜 축구에 대해 진지하게 고민하기 시작했다.

6. 전에는 실수를 하거나 결과가 좋지 않으면 축구화를 탓하거나 다른 사람을 탓했는데, 소크라테스 감독의 말을 듣고 자기 내면의 두려움을 보게 되었다. 소크라테스 감독은 두려움에 직면하여 용기 있게 살다 보면 참된 삶이 저절로 찾아온다고 하였다. 동연이는 헤딩에 대한 두려움 때문에 공을 제대로 못 보고 놓친 것이었다. 이걸 깨닫고 날아오는 공을 똑바로 보니 헤딩에 성공할 수 있었다.

7. 동연이는 소크라테스 감독이 했던 질문들을 통해 많은 것을 깨닫게 되었다. 그것은 진짜를 알 때까지 끝없이 되묻는 것, 한계를 인정하는 절제, 다른 사람들을 차별하지 않는 정의, 세상을 조화롭게 만드는 덕, 옳은 일을 위하는 선, 자신의 잘못에 맞서는 용기, 스스로 결정한 삶에서 얻는 지혜 등이다.

II. 인성 다지기 이해와 비판

1. 각자 공감하는 정의를 골라 어떤 점이 그러한지 구체적인 근거를 들어 말해 보게 한다. 활발한 토론을 위해 공감하지 못하는 정의에 대해서는 반박을 해 보도록 한다.

2. 결과 중심의 사회는 사람들이 1등을 하기 위해 더 많이 노력하도록 자극한다는 장점이 있다. 그리고 경쟁을 부추기므로 각자의 실력이 더 향상될 수 있다. 그러나 이것이 지나치면 부정한 방법을 사용하게 되고 그렇게 되면 사회의 공정함과 정의가 훼손될 수 있다.

3. 아이들 입장에서 받고 싶은 교육, 만나고 싶은 선생님에 대해 생각해 보도록 한다. 소크라테스는 문답과 토론, 사색 위주의 교육을 펼쳤는데, 아이들은 체험 위주의 교육, 시험이 없는 교육 등을 바랄 수 있다.

4. '어떻게 살아야 하는가'는 '어떻게 살고 싶은가'와는 조금 다르다. 사람들은 보통 유명해지고 싶고 성공하고 싶고 돈도 많이 벌어서 원하는 것을 다 가진 채 살고 싶어 한다. 이에 반해 '어떻게 살아야 하는가'는 나 중심의 삶이 아니고 모두에게 이로운 삶이 무엇인지를 묻는 질문이다. 이는 도덕적인 삶과 연관이 된다.

III. 인문학 인물 탐구 – 소크라테스

1. 소크라테스의 아버지는 석공이었고 어머니는 산파였다. 소크라테스는 두 분께 사람과 진리를 대하는 자세를 배웠을 것이다. 소크라테스의 아버지는 석공 일을 할 때 돌 속에 이미 조각상이 들어 있다고 생각하는 분이었고, 어머니는 산모가 아기 낳는 걸 옆에서 차분히 돕는 분이었다. 소크라테스는 부모님의 이러한 태도로부터 사람은 누구나 마음속에 진리(조각상 또는 아이)를 품고 있으며, 자신은 아버지나 어머니처럼 각각의 사람들이 자신만의 진리를 잘 끄집어낼 수 있도록 도와주기만 하면 된다는 것을 배웠을 것이다.

2. 당시 아테네는 문화적으로나 경제적, 정치적으로 매우 발달해 있었다. 그러나 한편으로는 연이은 전쟁으로 사회가 혼란해지면서 사람들이 자신의 이익만 챙기려는 경향을 보였다. 게다가 스스로를 현인이라고 자처하는 소피스트들이 가변적이고 실용적인 지식만 가르치며 사람들을 점점 더 도덕적인 삶에서 멀어지게 하자, 소크라테스는 불변하는 진정한 진리가 무엇인지 탐구하게 된다. 그래야 사람들이 공동체의 선을 위해 올바르게 살아갈 수 있을 것이기 때문이다.

3. 소크라테스는 지행합일을 가장 중요하게 생각하였다. 이는 아는 것과 행하는 것을 일치시켜 올바르게 사는 것이다. 그러려면 스스로가 진리를 진심으로 깨달아야 한다. 소크라테스는 대화를 통해 상대방이 스스로 편견과 선입관, 자기 자신의 모순(앞뒤 말이 맞지 않는 것)을 깨달아 참다운 진리에 이르기를 바랐다.

4. 소크라테스와 플라톤은 절대주의 사상가들이다. 이들은 절대적 법칙과 불변의 진리가 있다고 믿으며 그것을 '이데아'라고 하였다. 예를 들어 가장 좋은 행동은 행동의 이데아이고, 가장 좋은 축구는 축구의 이데아이다. 이데아는 변하지 않으므로 모두에게 똑같다. 그러나 올바른 것, 좋은 것이 항상 똑같고 정해져 있다는 생각은 상대방의 관점을 인정하고 수용하는 열린 태도를 가로막을 수 있다. 좋은 것은 사람에 따라 그리고 경우에 따라 다를 수 있기 때문이다. 예를 들어 어떤 사람은 사실적으로 그린 그림이, 또 어떤 사람은 추상적으로 그린 그림이 더 좋다고 할 수 있기 때문이다.

5. 소크라테스는 이기적이고 자신만 아는 행동을 경계했다. 만약 올바른 행동이 무엇인지 알면 부끄러워서 그런 행동을 절대 안 할 것이다. 소크라테스라면 수단과 방법을 가리지 않고 100점을 받으려는 아이에게 왜 100점을 받고 싶은지, 공정하지 않은 방법으로 100점을 받으면 그것이 정말 100점이라고 할 수 있는지, 더욱 본질적으로 시험은 왜 보는지 등에 대해 질문하고 충고할 것이다. 그리고 자살을 하려는 연예인에게는 두려움에 직면할 수 있는 용기를 가지라는 것과 자살이 이기적인 행동이라는 것 등의 충고를 할 것이다.

인성의 기초를 잡아주는 처음 인문학동화 ❸
소크라테스 아저씨네 축구단

1판 1쇄 발행 | 2012. 7. 4.
1판 26쇄 발행 | 2024. 12. 11.

김하은 글 | 유준재 그림 | 조광제 도움글

발행처 김영사 | **발행인** 박강휘
등록번호 제 406-2003-036호
등록일자 1979. 5. 17.
주   소 경기도 파주시 문발로 197(우-10881)
전   화 마케팅부 031-955-3102 편집부 031-955-3113~20
팩   스 031-955-3111

© 2012 김하은, 유준재, YNT
이 책의 저작권은 저자에게 있습니다. 저자와 출판사의 허락 없이 내용의 일부를 인용하거나
발췌하는 것을 금합니다.

값은 표지에 있습니다.
ISBN 978-89-349-5846-8 74810
ISBN 978-89-349-5607-5(세트)

좋은 독자가 좋은 책을 만듭니다. 김영사는 독자 여러분의 의견에 항상 귀 기울이고 있습니다.
전자우편 book@gimmyoung.com | 홈페이지 www.gimmyoung.com

|어린이제품 안전특별법에 의한 표시사항| 제품명 도서 제조년월일 2024년 12월 11일
제조사명 김영사 주소 10881 경기도 파주시 문발로 197 전화번호 031-955-3100 제조국명 대한민국
사용 연령 10세 이상 ⚠주의 책 모서리에 찍히거나 책장에 베이지 않게 조심하세요.